Η Αναστασία Κάρτζια φοίτησε στο Τμήμα Παιδαγωγικής και Λογοθεραπείας του Ludwig-Maximilians Universität του Μονάχου, ενώ ύστερα από μετεγγραφή, πήρε το πτυχίο της στη Λογοθεραπεία από το Τμήμα Λογοθεραπείας, της Σχολή Επαγγελμάτων, Υγείας και Πρόνοιας, του Ανωτάτου Τεχνολογικού Εκπαιδευτικού Ιδρύματος Πατρών. Τα τελευταία πέντε χρόνια ασκεί το επάγγελμα της Λογοθεραπεύτριας στα Μουδανιά Χαλκιδικής.

Δημιουργία Εξωφύλλου: Νατάσσα Γαλάνη
Επιμ. Έκδοσης: Εκδόσεις Μέθεξις

Καρόλου Ντηλ 27, Θεσσαλονίκη ΤΚ 546 23
Τηλ.-Φαξ: 2310-278301
e-mail: info@metheksis.gr
www.metheksis.gr
© Copyright Εκδόσεις Μέθεξις 2011

ISBN: 978-960-6796-21-0

Αριθ. Έκδ. 29

ἐν ἀρχῇ ἦν ὁ λόγος

Περιεχόμενα

Πρόλογος

Το βιβλίο με τίτλο «*Διαταραχές λόγου και ομιλίας. Μια χρόνια διαταραχή ή μια απλή καθυστέρηση στην επικοινωνία; Μικρά διαγνωστικά και θεραπευτικά βήματα*» αποτελεί μια προσπάθεια να καταστήσουμε σαφές, πως η λογοθεραπεία ασχολείται με παιδιά και ενήλικες που για κάποιο λόγο εμφανίζουν διαταραχές στην επικοινωνία τους, είτε γιατί ήταν κληρονομικοί οι παράγοντες είτε εκ γενετής ή εξαιτίας μετέπειτα βλάβης. Δεν πρόκειται για «ανάπηρα» παιδιά και ενήλικες, ούτε για άτομα που δεν θα θεραπευτούν ποτέ (εκτός από χρόνιες παθολογικές καταστάσεις που εκεί η λογοθεραπεία λειτουργεί ενισχυτικά). Πρόκειται για διαταραχές που όσο πιο έγκαιρα διαγνωσθούν τόσο πιο γρήγορα και με μεγαλύτερη επιτυχία θα θεραπευτούν. Δυστυχώς, στην Ελλάδα φοβόμαστε ακόμη και να ενημερωθούμε για το τι ακριβώς εξετάζει αυτή η επιστήμη, δεν παραδεχόμαστε τη διαταραχή του παιδιού μας, αφήνουμε το χρόνο να περνάει κάνοντας κακό στο ίδιο το άτομο με τη διαταραχή, και όλα αυτά εξαιτίας των κοινωνικών προκαταλήψεων, που ορισμένες φορές μας έχουν επιβάλει.

Στόχος λοιπόν του παρόντος βιβλίου είναι να κάνει γνωστή την επιστήμη της λογοθεραπείας στο ευρύ κοινό, δίνοντας κάποια στοιχεία αναγνώρισης των διαταραχών επικοινωνίας και κάποια μικρά βήματα θεραπείας, τα οποία μπορεί κανείς να εφαρμόσει μόνος του παράλληλα με το πρόγραμμα λογοθεραπευτικής παρέμβασης.

Το βιβλίο απευθύνεται σε γονείς με παιδιά που παρουσιάζουν προβλήματα στην επικοινωνία, σε ενήλικες με παρόμοια προβλήματα και σε επαγγελματίες που ξεκινάνε τα πρώτα βήματα της καριέρας τους στο χώρο της λογοθεραπείας. Πρόκειται για ένα βιβλίο που αναφέρεται στην αξιολόγηση, τη διάγνωση και τη θεραπεία των πέντε πιο συχνά εμφανιζόμενων διαταραχών επικοινωνίας.

Στα πρώτα κεφάλαια γίνεται επεξήγηση του όρου *λογοθεραπεία*, με τί ασχολείται και ποιους αφορά. Στη συνέχεια γίνεται η παρουσίαση της φυσιολογικής ανάπτυξης της γλώσσας, σε αντίθεση με την επιβράδυνσή της. Το κεντρικό τμήμα του βιβλίου αναλύει τις πέντε διαταραχές επικοινωνίας (στοματοπροσωπικές, αρθρωτικές - φωνολογικές, κινητικές και γλώσσας - λόγου), ξεκινώντας από τον τρόπο που κάθε διαταραχή αξιολογείται και κλείνοντας με το πώς αυτή θεραπεύεται. Το τελευταίο τμήμα του βιβλίου αφιερώνεται σε συμβουλές προς τους γονείς και προς τους λογοθεραπευτές για τον τρόπο καλύτερης προσέγγισης των παιδιών και οργάνωσης της θεραπευτικής διαδικασίας.

Α. ΕΠΙΣΤΗΜΗ ΛΟΓΟΘΕΡΑΠΕΙΑΣ

1. Τι είναι η λογοθεραπεία

Λογοθεραπεία είναι η επιστήμη που ασχολείται με τις διαταραχές επικοινωνίας (λεκτικής και μη), ομιλίας, φωνής, λόγου και μάσησης–κατάποσης (δυσφαγίας) σε παιδιά, εφήβους και ενήλικες, όποια κι αν είναι η αιτία των διαταραχών αυτών (νευρολογική, εξελικτική ή λειτουργική).

Η νεότερη επιστήμη της λογοθεραπείας, η οποία επικεντρώνεται στην περιγραφή και αντιμετώπιση των διαταραχών του γλωσσικού συστήματος, μελετά την κατάκτηση της μητρικής γλώσσας για τους παρακάτω λόγους: **α)** οι λογοθεραπευτές πρέπει να διακρίνουν τη φυσιολογική από την παθολογική γλωσσική ανάπτυξη και **β)** να κατανοήσουν το μηχανισμό και τη λειτουργία της γλώσσας, προκειμένου να επιτύχουν τη θεραπεία γλωσσικών διαταραχών σε παιδιά και ενήλικες.

Σε ό,τι αφορά τα παιδιά στόχος της λογοθεραπείας είναι η αποτροπή γλωσσικών προβλημάτων, τα οποία κατά την πορεία του παιδιού μέσα στην οργανωμένη σχολική πράξη επηρεάζουν αρνητικά τη μάθηση, την επίδοση και την κοινωνική συμπεριφορά.

Γενικότερα (και για παιδιά και για ενήλικες) τα αποτελέσματα της λογοθεραπείας εξαρτώνται από την είσοδο της διαταραχής, τα αίτια που την προκάλεσαν, τη χρονική διάρκεια εμφάνισής της στο άτομο, από την ηλικία και τη νοημοσύνη του, από την ικανότητα του λογοθεραπευτή καθώς και από τα όργανα λογοθεραπείας που χρησιμοποιούνται για τη θεραπεία των διαφόρων διαταραχών της ομιλίας.

2. Η εμφάνιση της επιστήμης της λογοθεραπείας στην Ελλάδα

Ξεκινώντας μια σύντομη αναδρομή θα ήταν αναγκαίο να αναφέρουμε ότι στην αρχαιότητα η θεραπεία των πνευματικά πασχόντων γινόταν σε ναούς και ιερά στο πλαίσιο διαφόρων θρησκευτικών τελετών, διότι θεωρούσαν πως οι θεοί τούς είχαν κλέψει το μυαλό. Στην κοινωνία του Πλάτωνα τα ανάπηρα άτομα δεν έχουν θέση, ενώ αντίθετα ο Αριστοτέλης συμβουλεύει τους πολίτες να βοηθούν τους ανάπηρους, διδάσκοντας ότι κάθε άνθρωπος είναι διαφορετικός από τον άλλο και ότι η ψυχή είναι στενά συνδεδεμένη με το σώμα, οπότε όταν βλάπτεται το ένα υποφέρει και το άλλο.

Μεταγενέστερα, η ειδική αγωγή εμφανίζεται στην Ελλάδα μετά το 1830, δηλαδή μετά την επανάσταση του 1821 και την ίδρυση του ελληνικού κράτους. Στη σύγχρονη Ελλάδα ιδρύεται στην Αθήνα το 1906 το πρώτο ίδρυμα γα τυφλά παιδιά ηλικίας πάνω από 6 ετών. Το 1923 ιδρύεται το Εθνικό Σχολείο Κωφών στην Αθήνα και το ίδρυμα Κωφών, ενώ το 1937 ο νόμος προβλέπει την ίδρυση σχολικών μονάδων εκπαίδευσης νοητικά υστερούντων και συναισθηματικά διαταραγμένων παιδιών, αλλά και ειδικών τάξεων. Λίγα χρόνια αργότερα και συγκεκριμένα από το 1996, παρέχεται στους δασκάλους που παρακολουθούν το Τμήμα Ειδικής Αγωγής στο ΠΤΔΕ του Πανεπιστημίου Αθηνών το γνωστικό αντικείμενο «Παιδαγωγική και Διδακτική των ατόμων με προβλήματα λόγου και ομιλίας».

Τέλος, από το ακαδημαϊκό έτος 1997-1998 λειτουργεί στο ΑΤΕΙ Πατρών για πρώτη φορά στην Ελλάδα τμήμα λογοθεραπείας, για να εμφανιστεί λίγο αργότερα το ίδιο τμήμα και στο ΤΕΙ Ηπείρου στα Ιωάννινα (1999).

Η επιστήμη της λογοθεραπείας λοιπόν είναι πολύ «νέα» για τα ελληνικά δεδομένα, κάτι που έχει ως επακόλουθο την έλλειψη εγχειριδίων –σταθμισμένων και μη- στην ελληνική γλώσσα. Η έλλειψη αυτή έρχεται σε αντίθεση με τις ολοένα αυξανόμενες ανάγκες τόσο των παιδιών όσο και των ενηλίκων εκείνων, οι οποίοι είτε παρουσιάζουν απλά κάποιες διαταραχές στο λόγο και στην ομιλία είτε χαρακτηρίζονται από ειδικές ανάγκες.

3. Ο ρόλος του λογοθεραπευτή

Τα προβλήματα στη γλωσσική εξέλιξη ενός παιδιού παρεμποδίζουν τη σωστή χρήση της μητρικής γλώσσας στα τρία επίπεδα της, το *φωνολογικό*, το *συντακτικό* και το *μορφολογικό*. Οι γλωσσικές δυσλειτουργίες και διαταραχές εμφανίζονται συχνά σε άτομα με ατομικές γενετικές προϋποθέσεις.

Ο λογοθεραπευτής στοχεύει στην αποκατάσταση αυτών ακριβώς των γλωσσικών δυσλειτουργιών σε όλα τα επίπεδα της γλώσσας και αναλαμβάνει τα παρακάτω:

- την πρόληψη των προβλημάτων επικοινωνίας
- την αξιολόγηση
- τη διάγνωση, διαφοροδιάγνωση
- τη θεραπευτική παρέμβαση
- τη συνεργασία με τη διεπιστημονική ομάδα

α) Τι είναι η αξιολόγηση

Η αξιολόγηση είναι μια διαδικασία κατά την οποία ο λογοθεραπευτής εξετάζει και συλλέγει δεδομένα για τα χαρακτηριστικά, τις ικανότητες και τις ανάγκες του ατόμου με σκοπό να ληφθεί μια κλινική απόφαση. Με την αξιολόγηση μπορούμε να εξακριβώσουμε αν υπάρχει επικοινωνιακή διαταραχή, ποια είναι η φύση και το μέγεθός της αλλά και τι επιπτώσεις θα μπορούσε να έχει στη ζωή του ατόμου. Τέλος, η διαδικασία της αξιολόγησης μας επιτρέπει με τα δεδομένα που συλλέξαμε να θέσουμε στόχους για τη θεραπευτική παρέμβαση καθώς και το χρονοδιάγραμμά της. Αξίζει να σημειωθεί ότι η αξιολόγηση ποικίλλει και προσαρμόζεται κάθε φορά στις ανάγκες του εκάστοτε πελάτη, ενώ ταυτόχρονα πραγματοποιείται και κατά τη διάρκεια των συνεδριών, σε περιπτώσεις που κρίνεται αναγκαίο να τεθούν νέοι στόχοι, αλλά και στο τέλος της περιόδου θεραπείας, για να διαπιστωθεί κατά πόσο ολοκληρώθηκε το λογοθεραπευτικό πρόγραμμα με επιτυχία.

Οι τομείς που αξιολογούνται όταν υπάρχει πρόβλημα επικοινωνίας ή κατάποσης είναι οι εξής:

- λόγος (μορφή, περιεχόμενο, χρήση), τόσο ως προς τη χρήση του όσο και ως προς της παραγωγή
- ομιλία (άρθρωση)
- ροή (ρυθμός)
- φωνή (ύψος, ένταση, αντήχηση, σταθερότητα, φώνηση, αναπνοή)
- ακοή (ζητάμε εξέταση από ακοολόγο)
- κατάποση (για τη διάγνωση προβλήματος δυσφαγίας)
- μη λεκτική επικοινωνία (βλεμματική επαφή, εκφράσεις προσώπου, στάση σώματος)
- άλλες περιοχές που λαμβάνονται υπόψη στην αξιολόγηση (νοητική ικανότητα, κινητικότητα, ικανότητα γραφής και ανάγνωσης, γενικότερη συμπεριφορά του ατόμου)

Όπως αναφέρθηκε προηγουμένως η αξιολόγηση προσαρμόζεται κάθε φορά στο άτομο που έχουμε απέναντι μας. Υπάρχουν, παρ' όλα αυτά ορισμένα κοινά βήματα, τα οποία ακολουθούνται για τη διάγνωση των περισσότερων παθήσεων, και είναι τα εξής:

- λήψη λογοπαθολογικού ιστορικού από τον πελάτη και τους γονείς του σε περιπτώσεις παιδιών
- ακοολογικός έλεγχος (παραπέμπουμε τον πελάτη μας σε ακοολόγο για να είμαστε βέβαιοι ότι το όργανο της ακοής λειτουργεί επαρκώς, διότι είναι απαραίτητο για την ανάπτυξη της ομιλίας)
- στοματοπροσωπική εξέταση (ελέγχουμε αν λειτουργούν σωστά τα όργανα που συμμετέχουν στην παραγωγή της ομιλίας)
- λήψη δείγματος ομιλίας- λόγου- φωνής
- αξιολόγηση διαδοχοκίνησης για διάγνωση απραξίας (ελέγχουμε αν συνεργάζονται με ακρίβεια και κατάλληλη ταχύτητα τα όργανα της ομιλίας)
- αξιολόγηση κατάποσης
- μαθησιακή αξιολόγηση (περιλαμβάνει τους τομείς της κατανόησης, ανάγνωσης, γραφής και ορθογραφίας καθώς και τον μαθηματικό έλεγχο)

β) Τι είναι η διάγνωση- διαφοροδιάγνωση

Αφού ολοκληρωθεί η διαδικασία της αξιολόγησης και έχουν συλλεχθεί οι απαραίτητες πληροφορίες για τον πελάτη μας, τότε προχωράμε στην ανάλυση των πληροφοριών αυτών με σκοπό τη διάγνωση- διαφοροδιάγνωση της τυχόν υπάρχουσας διαταραχής.

Ο λογοπαθολόγος είναι σε θέση να διαγνώσει και να αντιμετωπίσει τις εξής διαταραχές επικοινωνίας σε παιδιά και ενήλικες:

- αναπτυξιακές γλωσσικές διαταραχές
- καθυστέρηση της ανάπτυξης της ομιλίας και του λόγου
- αρθρωτικές διαταραχές
- διαταραχές φωνής, ομιλίας και λόγου εξαιτίας βαρηκοΐας και ακουστικής επεξεργασίας μετά από κοχλιακή εμφύτευση
- νευρογενείς κινητικές διαταραχές ομιλίας (δυσαρθρία, απραξία)
- δυσφωνίες
- μαθησιακές διαταραχές
- τραυλισμός
- κρανιοπροσωπικές ανωμαλίες
- χειρουργικές επεμβάσεις κεφαλής και τραχήλου (λαρυγγεκτομή)
- διαταραχές κατάποσης (δυσφαγία)
- νευρολογικές διαταραχές και σύνδρομα

- εγκεφαλικά επεισόδια (αφασία)
- κρανιοεγκεφαλικές κακώσεις
- νοητική καθυστέρηση
- αυτισμός

γ) Τί είναι η θεραπευτική παρέμβαση

Βασική προϋπόθεση για τη θεραπευτική αγωγή ενός ατόμου με διαταραχή στην επικοινωνία είναι η γνώση της υπάρχουσας κατάστασης, η σωστή αξιολόγηση όπως έχει ήδη αναφερθεί, ο εντοπισμός των κενών, η προετοιμασία για το στάδιο τής θεραπείας και ο καθορισμός των βραχυπρόθεσμων και μακροπρόθεσμων στόχων της παρέμβασης.

Οι στόχοι της λογοθεραπείας καθορίζονται κυρίως από τις ανάγκες του ατόμου, τις ατομικές τους δραστηριότητες, τις δυνατότητές του, το περιβάλλον του (γονείς, σχολείο, ευρύτερο κοινωνικό περιβάλλον) και προσαρμόζονται σε αυτές. Η πραγμάτωση των θεραπευτικών στόχων απαιτεί συγκεκριμένο πλάνο και στρατηγικές παρέμβασης. Για το λόγο αυτό προτεραιότητες του λογοθεραπευτή θα πρέπει να είναι η αξιοποίηση των μαθησιακών και εξελικτικών προϋποθέσεων του ατόμου, το πλάνο θεραπευτικής αγωγής, η συλλογή κατάλληλου για τη θεραπεία υλικού, αλλά και το μέρος που θα λαμβάνει χώρα η θεραπεία.

Στο τέλος κάθε θεραπείας θα πρέπει να γίνεται αξιολόγηση από το θεραπευτή για το αν επιτεύχθηκαν οι στόχοι που τέθηκαν για την εκάστοτε συνεδρία, εάν χρειάζονται νέες διαγνωστικές πληροφορίες, για το πώς λειτούργησε ο θεραπευτής και τι ατμόσφαιρα επικράτησε κατά τη διάρκεια της συνεδρίας.

Σε αυτό το σημείο αξίζει να σημειωθεί ότι σπάνια μια γλωσσική διαταραχή εμφανίζεται με ένα μόνο σύμπτωμα. Συνήθως υπάρχει συνδυασμός συμπτωμάτων, το οποίο σημαίνει ότι:

- οι γλωσσικές διαταραχές δε θα πρέπει να εξετάζονται αποσπασματικά
- κάθε γλωσσική διαταραχή είναι πιθανό να βελτιωθεί ή να εξαλειφθεί
- οι διαταραχές λόγου και ομιλίας είναι πιθανό να προκαλέσουν άλλων μορφών διαταραχές, όπως επιθετικότητα και φόβο
- οι γλωσσικές διαταραχές οδηγούν συχνά σε μαθησιακές διαταραχές σε ό, τι αφορά τα παιδιά
- η πρόγνωση των διαταραχών αυτών είναι δυνατή και αποτελεί μέρος του θεραπευτικού πλάνου

Συνοψίζοντας λοιπόν, θα λέγαμε ότι ο λογοθεραπευτής θα πρέπει να δημιουργεί επαγγελματική σχέση για να διευκολύνει τη θεραπευτική παρέμβαση, να εφαρμόζει το θεραπευτικό πρόγραμμα με βάση την αξιολόγηση και τη διάγνωση, να τροποποιεί το πρόγραμμα παρέμβασης αν αυτό κριθεί απαραίτητο, να καταγράφει την πρόοδο της θεραπείας και τέλος, να αναλαμβάνει την παρέμβαση σύμφωνα με τις οδηγίες της ηθικής του επαγγέλματος.

δ) Διεπιστημονική ομάδα

Για την ομαλότερη και καλύτερη επίτευξη των θεραπευτικών στόχων ο λογοθεραπευτής θα πρέπει να αποτελεί μέλος μιας ευρύτερης διεπιστημονικής ομάδας. Τέτοιες ομάδες απαρτίζονται συνήθως από νευρολόγο, ψυχίατρο, ψυχολόγο, κοινωνικό λειτουργό, παιδίατρο, ωτορινολαρυγγολόγο, ακοολόγο, νηπιαγωγό, δάσκαλο, ειδικό παιδαγωγό, εργοθεραπευτή και φυσιοθεραπευτή. Ο ρόλος του λογοθεραπευτή σε αυτή την ομάδα είναι σημαντικός τόσο για τη διάγνωση όσο και για την αποκατάσταση των προβλημάτων επικοινωνίας.

Β. ΓΛΩΣΣΙΚΗ ΑΝΑΠΤΥΞΗ

Με τον όρο **γλωσσική ανάπτυξη** εννοούμε τα διάφορα στάδια που περνά το άτομο για να επιτύχει την απόκτηση της γλώσσας, της ομιλίας, του λόγου. Σε αυτό το σημείο είναι απαραίτητο να διαχωρίσουμε και να προσπαθήσουμε να ερμηνεύσουμε τους όρους *γλώσσα*, *ομιλία* και *λόγος*.

Η διαφοροποίηση των παραπάνω όρων πραγματοποιήθηκε από τον Γάλλο γλωσσολόγο F.D. Saussure, σύμφωνα με τον οποίο ως **γλώσσα** ορίζεται το φυσικό σύστημα επικοινωνίας που χρησιμοποιείται από τον άνθρωπο και έχει ως βάση του τον έναρθρο λόγο. Η γλώσσα επειδή είναι μια γενική έννοια, μπορεί να διαχωριστεί στους όρους **λόγος** και **ομιλία**.

Λόγος είναι το αφηρημένο γλωσσικό σύστημα ήχων και εννοιών που κατέχουν από κοινού τα μέλη μιας γλωσσικής κοινότητας και χρησιμοποιούν για να επικοινωνήσουν. Είναι ένας συμβολικός κώδικας που επιτρέπει τη γέννηση νέων μηνυμάτων, τα οποία θα είναι κατανοητά από οποιονδήποτε γνωρίζει το σύστημα. Το κυριότερο στοιχείο του *λόγου* είναι η παραγωγικότητά του. Ο σκοπός του *λόγου* είναι η επικοινωνία, αν και επικοινωνία δεν είναι μόνο ο *λόγος*. Ο *λόγος* με τον οποίο είμαστε πιο εξοικειωμένοι είναι ο προφορικός, αλλά υπάρχουν και άλλα είδη του.

Ομιλία είναι η χρήση του λόγου, δηλαδή του γλωσσικού συστήματος από τα άτομα μιας γλωσσικής κοινότητας. Είναι αποτέλεσμα ψυχοφυσικών μηχανισμών, μια αλυσίδα προσφερόμενων φθόγγων που πραγματοποιείται με την άρθρωση και χαρακτηρίζεται από το ρυθμό για να εκφράσει σύμβολα και λέξεις.

19

Πολλοί θεωρούσαν ότι η γλωσσική ανάπτυξη αρχίζει όταν ένα παιδί παράγει τις πρώτες του λέξεις, στην ηλικία δηλαδή του ενός έτους περίπου. Αυτή η άποψη δεν ισχύει πλέον, αφού έχει διαπιστωθεί ότι ακόμα και τα βρέφη είναι ευαισθητοποιημένα στο θέμα της γλώσσας και είναι σε θέση να διακρίνουν ορισμένα γνωρίσματα της γλώσσας του περιβάλλοντός τους.

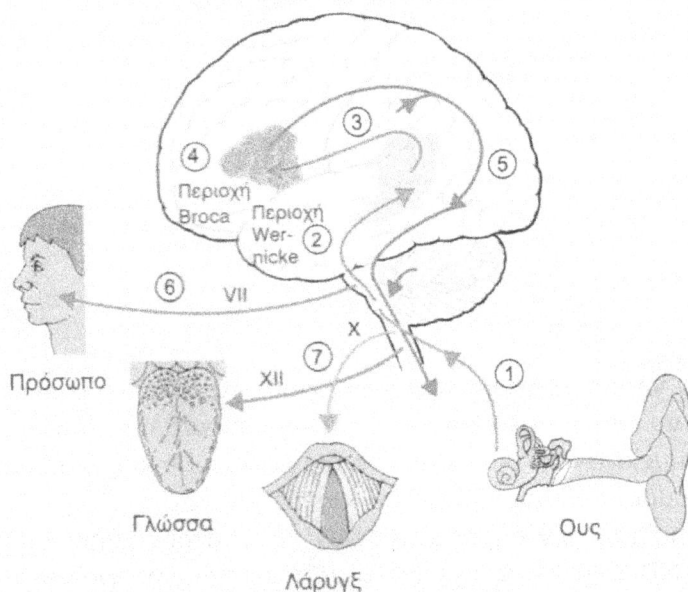

Θέση	Λειτουργία	Διαταραχή
① Ους και ακουστικό νεύρο	Ακοή	Κώφωση
② Περιοχή Wernicke	Κατανόηση	Αισθητηριακή αφασία
③ Τοξοειδής δεσμίδα	Επανάληψη	Αδυναμία επανάληψης
④ Περιοχή Broca	Παραγωγή λόγου	Αφασία εκπομπής
⑤ Κινητικές φυγόκεντρες οδοί, κεντρικές: παρεγκεφαλίδα, φλοιονωτιαία δεμάτια	Άρθρωση του λόγου	Δυσαρθρία
⑥ Κινητικές φυγόκεντρες οδοί, περιφερικές: προσωπικό, πνευμονογαστρικό, υπογλώσσιο νεύρο, πρόσωπο, γλώσσα	Άρθρωση του λόγου	Δυσαρθρία
⑦ Λάρυγξ	Παραγωγή της φωνής	Δυσφωνία

Εικ. 1 Διαδικασία παραγωγής του λόγου

1. Τα στάδια της γλωσσικής ανάπτυξης

Η **γλώσσα** είναι η έμφυτη ικανότητα του ανθρώπου να εξωτερικεύει με λέξεις αυτό που σκέφτεται με απώτερο σκοπό την επικοινωνία με τους συνανθρώπους της ίδιας γλωσσικής κοινότητας.

Η **ομιλία** είναι η ηχητική έκφραση του εσωτερικού μας λόγου και συνδέεται με την σκέψη και τη νόηση. Είναι καθοριστικός ο ρόλος της ομιλίας στην αλληλεπίδραση του παιδιού με το περιβάλλον του, συνομηλίκους και ενήλικες. Το παιδί μέσω της ομιλίας αναπτύσσει την αυτονομία του, την αυτοεκτίμησή του και τις κοινωνικές του σχέσεις.

Η **επικοινωνία** συμβάλει αρχικά στο να εξυπηρετεί το παιδί τις βασικές βιολογικές του ανάγκες, ενώ παράλληλα εκφράζει τις επιθυμίες του, τον πόνο, τους φόβους του, τα συναισθήματά του, τις απόψεις και τις ιδέες του.

Η αλληλεπίδραση του παιδιού με την ομιλία ξεκινά πολύ νωρίς, από την εμβρυακή ηλικία, αναπτύσσεται κατά τη βρεφική και ολοκληρώνεται στη νηπιακή και παιδική ηλικία. Ο ρυθμός ανάπτυξης της ομιλίας για κάθε παιδί είναι διαφορετικός, όπως άλλωστε και γενικότερα ο ρυθμός ανάπτυξής τους. Ωστόσο υπάρχουν ορισμένα κοινά στάδια γλωσσικής ανάπτυξης σε κάθε ηλικία.

α) Εμβρυακή ηλικία- 4 μηνών

Το πρώτο αισθητήριο όργανο που αναπτύσσεται στο έμβρυο είναι το αυτί, μέσω του οποίου το έμβρυο ακούει και ανταποκρίνεται στους ήχους της μαμάς του. Έχει διαπιστωθεί ότι το έμβρυο μπορεί να εξοικειωθεί με διάφορους ήχους περίπου πριν από τον 5ο μήνα.

Το νεογέννητο έρχεται στον κόσμο με την αντιληπτική ικανότητα να διακρίνει γλωσσικούς από μη γλωσσικούς ήχους, γεγονός που μας δείχνει ότι το βρέφος μπορεί να αντιλαμβάνεται και να αναλύει την ανθρώπινη ομιλία και γλώσσα. Επιπρόσθετα τα νεογνά είναι σε θέση να διακρίνουν τη χροιά της φωνής ενός άνδρα και μιας γυναίκας και να ξεχωρίσουν τη μητρική τους γλώσσα από μια ξένη.

Η φωνητική παραγωγή του βρέφους αρχίζει με τη γέννησή του. Οι πρώτες του φωνητικές παραγωγές είναι το κλάμα, το γέλιο, ο βήχας και η αντίδραση στη φωνή των γονιών του. Το μωρό απορροφά τις πληροφορίες και τα ερεθίσματα που το βομβαρδίζουν καθημερινά μέσω της αλληλεπίδρασης με τους γονείς του, γι αυτό και η **μίμηση** είναι καθοριστική για την έναρξη της ομιλίας σε αυτό το στάδιο. Είναι γεγονός ότι η ομιλία καλλιεργείται και έχει αποδειχτεί, ότι όσο περισσότερο εκτίθενται τα παιδιά σε ένα πλούσιο από γλωσσικά ερεθίσματα περιβάλλον τόσο πιο γρήγορα αναπτύσσουν την ομιλία τους.

Αξίζει να σημειωθεί ότι τα βρέφη παράγουν διαφορετικούς ήχους από τους ενήλικες, διότι τα φωνητικά τους όργανα είναι διαφορετικά. Οι διαφορές ανάμεσα στα φωνητικά όργανα των νεογνών με εκείνα των ενηλίκων είναι οι ακόλουθες:

- Τα νεογνά έχουν το λάρυγγα πιο ψηλά από τους ενήλικες με συνέπεια το φωνητικό κανάλι να είναι πιο μικρό
- ο φάρυγγας των νεογνών είναι πιο κοντός και δεν αφήνει μεγάλο χώρο στη γλώσσα να κινηθεί
- η γλώσσα είναι μεγάλη σε σχέση με τη στοματική κοιλότητα κι έτσι έχει λίγο χώρο για να πραγματοποιεί διάφορες κινήσεις
- η στοματική κοιλότητα με το φάρυγγα δε σχηματίζουν ορθή γωνία αλλά μια καμπύλη, με συνέπεια η σταφυλή να πλησιάζει προς την επιγλωττίδα

Όλες αυτές οι διαφορές επηρεάζουν σημαντικά τη φωνητική παραγωγή των βρεφών και τη δυσχεραίνουν αρκετά.

Το κλάμα, που είναι χαρακτηριστικό στην περίοδο από τη γέννηση ως και τον έκτο μήνα, είναι ο πρώτος τρόπος επικοινωνίας του μωρού με το περιβάλλον, με τη βοήθεια του οποίου μπορεί να εκφράσει την πείνα, το φόβο, την αδιαθεσία, τον πόνο.

Σε ηλικία τεσσάρων μηνών πραγματοποιούνται οι πιο σημαντικές αλλαγές στα φωνητικά όργανα του παιδιού, οδηγώντας σταδιακά στη δημιουργία του φωνητικού καναλιού των ενηλίκων. Μετά τον τέταρτο μήνα το παιδί παράγει και συνδυάζει ήχους σε ένα φωνητικό παιχνίδι. Στους 4 με 6 μήνες αρχίζει και κατεβαίνει ο λάρυγγας για να πάρει την οριστική του θέση στην ηλικία των 3 ετών.

Γενικότερα αυτή την περίοδο τα βρέφη:

- αντιδρούν σε ήχους και στρέφουν το κεφάλι τους προς την πηγή του ήχου
- αντιλαμβάνονται τις παύσεις και την εναλλαγή σειράς των συνομιλητών
- γελάνε και κινούν τα χείλη και τη γλώσσα σε μια προσπάθεια να μιμηθούν την άρθρωση των γονιών τους
- πειραματίζονται φωνητικά με κραυγές, παίζοντας με τους ήχους και την άρθρωση φωνηέντων και
- σε αυτό το στάδιο εκπαιδεύεται το φωνητικό κανάλι, ώστε η εκπνοή του αέρα να μετατραπεί σε ομιλία

β) 5- 9 μηνών
Η περίοδος βαβίσματος αρχίζει περίπου τον έκτο μήνα και διαρκεί ως τον δωδέκατο και χαρακτηρίζεται από την παραγωγή συλλαβών, οι οποίες μοιά-

ζουν με τις συλλαβές των γλωσσικών ερεθισμάτων που δέχονται τα βρέφη. Το βάβισμα είναι αποτέλεσμα των εξελικτικών αλλαγών στα φωνητικά όργανα του παιδιού.

Από τη φάση του βαβίσματος διέρχονται όλα τα βρέφη με φυσιολογική γλωσσική ανάπτυξη πριν από την παραγωγή των πρώτων λέξεων.

Αυτή την περίοδο τα παιδιά:

- Ξεχωρίζουν τον τόνο της φωνής
- Αποσπώνται από παιχνίδια που παράγουν ήχους και προσπαθούν να τα μιμηθούν
- Διαφοροποιούν το κλάμα τους ανάλογα με την ανάγκη που θέλουν να εκφράσουν
- Παράγουν τα πρώτα σύμφωνα και δημιουργούν σειρά ήχων, τους οποίους επαναλαμβάνουν
- Παράγουν ήχους που προέρχονται από τα χείλη και από τη γλώσσα
- Αποκτούν προσωδιακά στοιχεία στις εκφορές τους. Αρχίζουν να διακρίνουν το ύψος και τη ένταση της φωνής
- Συνδέουν το πρώτο τους λεξιλόγιο, το οποίο αποτελείται από σειρές φωνηέντων και συμφώνων, με διάφορα γεγονότα και έτσι δίνουν νόημα στις εκφορές τους

Σε αυτό το σημείο αξίζει να προστεθεί το γεγονός ότι οι διαδικασίες για την κατανόηση του λόγου δεν είναι ίδιες με εκείνες της παραγωγής ομιλίας. Ειδικότερα στο επίπεδο της κατανόησης, παρατηρώντας κανείς τις αντιδράσεις του παιδιού, εντοπίζει μια σημαντική ανάπτυξη, η οποία προηγείται της φωνολογικής εκπομπής σε όλα τα επίπεδα. Βασική προϋπόθεση για την ομιλία είναι η ύπαρξη του εσωτερικού λόγου, δηλαδή η κατανόηση της ομιλίας των άλλων. Ο πλούτος του εσωτερικού λόγου (παθητικό λεξιλόγιο) εξαρτάται πολύ από τις προσπάθειες της οικογένειας να μάθει στο παιδί την ονομασία των διαφόρων αντικειμένων και καθημερινών εννοιών, κάτι που κινητοποιεί και δραστηριοποιεί το παιδί με συνέπεια την παραγωγή ομιλίας. Με λίγα λόγια είναι γεγονός ότι τα παιδιά σε οποιαδήποτε ηλικία μπορούν να κατανοήσουν περισσότερες λέξεις από όσες μπορούν να εκφράσουν.

γ) 10 μηνών- 2 ετών

Στην ηλικία των δέκα με δώδεκα μηνών, παράλληλα με το βάβισμα που προαναφέραμε, αρχίζει η παραγωγή των πρώτων λέξεων με σημασιολογικό περιεχόμενο. Αυτές οι πρώτες λέξεις δεν είναι λέξεις της μητρικής γλώσσας, απλά είναι κάποιοι τύποι ήχων, συνήθως δισύλλαβων, που χρησιμοποιούνται από το παιδί σταθερά και με συγκεκριμένη σημασία. Οι πρώτες λέξεις σε αυτή την περίοδο αποτελούν μια συνέχεια της φάσης του βαβίσματος, αφού χρησιμοποιούν τα ίδια φωνήματα και την ίδια συλλαβική δομή των λέξεων.

Συμπληρώνοντας το δωδέκατο μήνα το παιδί κατανοεί μεγάλο μέρος της ομιλίας εξαιτίας της ακουστικής του αντίληψης, της γνωστικής του ικανότητας και της ικανότητας ελέγχου των οργάνων της ομιλίας.

Μεταξύ 13 και 20 μηνών ο εγκέφαλος του παιδιού αναπτύσσεται με τέτοιο τρόπο, ώστε του δίνει τη δυνατότητα να επεξεργάζεται την ομιλία με γρήγορους ρυθμούς. Έτσι το παιδί είναι σε θέση να κατανοεί για ποιο πράγμα μιλάει ο γονιός ή σε τί πράγμα αναφέρεται, κι αυτό το δείχνει με κινήσεις του σώματος ή με τις πρώτες λέξεις.

Συνοπτικά σε αυτή την περίοδο τα παιδιά:
- αναπτύσσουν τις δεξιότητες του ακροατή και ακούνε για να μαθαίνουν
- ανταποκρίνονται στο άκουσμα καθημερινών γνώριμων λέξεων
- γυρίζουν όταν ακούν το όνομά τους
- ανταποκρίνονται σε παιχνίδια με τραγούδια
- αρχίζουν να αντιλαμβάνονται ότι υπάρχουν και άλλοι τρόποι καλύτεροι από το κλάμα για να αποκτήσουν αυτό που θέλουν
- αποκτούν στην ομιλία τους μουσικότητα καθώς και μονοσύλλαβους ή δισύλλαβους σταθερούς ήχους
- αρχίζουν να συνδέουν τις πρώτες τους λέξεις με τα πρόσωπα
- προσπαθούν να μιμηθούν διάφορους ήχους όπως ζώων, μεταφορικών μέσων κλπ
- χρησιμοποιούν σύντομες λέξεις χωρίς βέβαια σωστή άρθρωση

Από 18 μηνών ως 2 ετών η γλωσσική ανάπτυξη των παιδιών είναι ραγδαία. Ορισμένα παιδιά όμως δε λένε καμία λέξη πριν από τους 18 μήνες, κάτι όμως που δε θεωρείται ανησυχητικό. Η φυσιολογική γλωσσική ανάπτυξη ποικίλλει. Κάποια παιδιά μπορεί να σχηματίσουν τις περισσότερες λέξεις λίγο νωρίτερα, ενώ άλλα παιδιά μπορεί να σχηματίσουν λιγότερες λέξεις λίγο αργότερα. Το σημαντικό στη γλωσσική ανάπτυξη είναι να παρατηρείται μια σταδιακή αύξηση κάθε μήνα. Στην ηλικία των 18-20 μηνών τα παιδιά μπορούν να πουν από 20 ως 50 λέξεις, ενώ μέχρι 2 ετών είναι πιθανό να χρησιμοποιήσουν προτάσεις 2-4 λέξεων. Η ηλικία των 2 ετών είναι αρκετά σημαντική, γιατί τότε πραγματοποιείται μια ξαφνική αύξηση του λεξιλογίου. Αυτό είναι πιθανόν να συμβαίνει, λόγω του ότι τη συγκεκριμένη περίοδο συντελούνται σημαντικές αλλαγές στο κέντρο του λόγου, δηλαδή στην περιοχή *Wernicke*, με τη σύναψη περισσότερων συνδέσεων ανάμεσα στα εγκεφαλικά κύτταρα του εγκεφάλου, γεγονός που συμβάλλει και στην κατανόηση της έννοιας των λέξεων.

Συνοψίζοντας, για τα παιδιά αυτής της ηλικίας:

• η κατανόηση του λόγου είναι σχεδόν πλήρης, γεγονός που θα επιτρέψει την έναρξη της μορφολογικής ή συντακτικής δημιουργίας του λόγου σε επίπεδο παραγωγής
• κατανοούν απλές οδηγίες
• ακούνε τις συζητήσεις των άλλων από απόσταση και κατανοούν την απλή ομιλία
• χρησιμοποιούν μικρές φράσεις
• κατονομάζουν αντικείμενα και ενέργειες της καθημερινότητάς τους
• κουβεντιάζουν μόνα τους ή με τα παιχνίδια τους
• χρησιμοποιούν τον τηλεγραφικό λόγο, μικρές φράσεις με τις βασικές μόνο πληροφορίες
• οι φράσεις τους αποτελούνται από ενεργητικά ρήματα, ουσιαστικά και προθέσεις
• τα περισσότερα παιδιά στην ηλικία των 2 ετών μαθαίνουν περίπου 50 νέες λέξεις το μήνα
• παρατηρείται διαφορά στο ρυθμό της γλωσσικής ανάπτυξης των αγοριών και των κοριτσιών, με τα κορίτσια να προηγούνται

δ) 3- 5 ετών

Συνεχίζοντας την πορεία απόκτησης του λόγου στο παιδί παρατηρούμε ότι στην ηλικία των 3 ως 5 ετών η ομιλία του φτάνει σχεδόν στο επίπεδο των ενηλίκων σε ό, τι αφορά το λεξιλόγιο που χρησιμοποιείται. Ακόμα πιο σημαντικό είναι ότι το γεγονός ότι το παιδί αρχίζει να αφομοιώνει και να χρησιμοποιεί κάποιους συγκεκριμένους κανόνες παραγωγής του λόγου, γραμματικούς και συντακτικούς.

Πιο συγκεκριμένα τα παιδιά 3 ως 4 ετών:
• ανταποκρίνονται στο κάλεσμα από το άλλο δωμάτιο
• ενδιαφέρονται για τους ήχους του σπιτιού και του περιβάλλοντος
• τους αρέσει να ακούνε παραμύθια και τα παρακολουθούν με ευκολία
• θέτουν ερωτήσεις
• απαντούν σε ερωτήσεις και εκτελούν σύνθετες εντολές
• χρησιμοποιούν τις προθέσεις και τον πληθυντικό αριθμό
• συμμετέχουν σε συζητήσεις
• διηγούνται γεγονότα και εμπειρίες τους στο παρόν
• προφέρουν 300 περίπου λέξεις και κατανοούν 1000
• λόγω της δυσκολίας να εκφράσουν σωστά τις σκέψεις τους, αντιμετωπίζουν τον κίνδυνο να παρουσιάσουν φυσιολογικό τραυλισμό

Τα παιδιά 4 ως 5 ετών:
- έχουν πλούσιο λεξιλόγιο που υπερβαίνει τις 1000 λέξεις
- χρησιμοποιούν προτάσεις 8 ή περισσοτέρων λέξεων
- έχουν σωστή γραμματική και σύνταξη στο λόγο τους
- μπορούν να κάνουν ερωτήσεις και να εκφράσουν άρνηση
- αναφέρονται στο παρελθόν και στο μέλλον
- έχουν σωστή άρθρωση, ίσως να υπολείπεται το /ρ/ και τα συμπλέγματα
- διηγούνται ιστορίες
- γίνονται κατανοητά από όλους

ε) 6 ετών και άνω
- η ομιλία του παιδιού έχει αναπτυχθεί
- προφέρουν όλους τους ήχους και τα συμπλέγματα σωστά
- η ομιλία τους δεν παρουσιάζει γραμματικά και συντακτικά λάθη
- είναι έτοιμα να έρθουν σε επαφή με το γραπτό λόγο
- χρησιμοποιούν 2.500 λέξεις και κατανοούν περίπου 6.000
- έχουν αναπτύξει τη δεξιότητα προσανατολισμού στο χρόνο και μπορούν, χρησιμοποιώντας χρονικές εκφράσεις, να αφηγηθούν ιστορίες και γεγονότα με αρχή, μέση και τέλος
- αποκτούν λογική σκέψη
- έχουν αναπτύξει δεξιότητες πραγματολογικές και προσαρμόζουν την ομιλία τους με βάση την ηλικία και τις γνώσεις του συνομιλητή

Είναι γεγονός ότι κάθε παιδί είναι διαφορετικό και για αυτό μπορεί να υπάρξει διακύμανση σχετικά με το χρόνο που κατακτά κάποια δεξιότητα.

Τέλος, στην καλλιέργεια της ομιλίας από αυτό το χρονικό σημείο και μετά θα βοηθήσει η μάθηση της ανάγνωσης και γραφής με συνέπεια την ανάπτυξη του λόγου γενικότερα.

2. Γλωσσική επιβράδυνση

Στην πορεία της γλωσσικής εξέλιξης των παιδιών είναι πολύ πιθανόν να εμφανιστεί μια επιβράδυνση, παρόλο που η βιολογική τους ανάπτυξη συνεχίζεται φυσιολογικά. Έτσι, ενώ το παιδί μεγαλώνει, η γλωσσική του εξέλιξη δεν ακολουθεί την ίδια πορεία με τη βιολογική. Όπως έχουμε ήδη αναφέρει κάθε παιδί είναι διαφορετικό και για το λόγο αυτό είναι πιθανό να υπάρξει κάποια διακύμανση σχετικά με το χρόνο που κατακτά κάποια δεξιότητα. Άλλωστε δεν κατακτούν όλα τα παιδιά στον ίδιο χρόνο τα διάφορα γλωσσικά στάδια.

Το κοινωνικό περιβάλλον, οι συνθήκες ζωής και οι παραδόσεις μπορεί να επηρεάσουν θετικά ή αρνητικά τη γλωσσική εξέλιξη του παιδιού. Υπάρχουν διαφορές ως προς την ηλικία έναρξης και ανάπτυξης της ομιλίας. Ορισμένα παιδιά καθυστερούν να μιλήσουν και επικοινωνούν με χειρονομίες συνοδευόμενες από ήχους, ενώ άλλα κατανοούν τον προφορικό λόγο, αντιμετωπίζοντας ωστόσο δυσκολίες στην παραγωγή του. Οι ήπιες μορφές αρθρωτικής, φωνολογικής διαταραχής και διαταραχής λόγου σε παιδιά προσχολικής ηλικίας είναι συνήθεις και θεωρούνται φυσιολογικές αποκλίσεις, αφού το παιδί τις διορθώνει από μόνο του, καθώς αναπτύσσεται μέχρι και την ηλικία των 6 ετών. Όταν όμως υπερβαίνουν τις φυσιολογικές αποκλίσεις, τότε είναι απαραίτητη η έγκαιρη διάγνωση με σκοπό την ειδική παρέμβαση από λογοθεραπευτή και την αντιμετώπιση των όποιων δυσκολιών.

Γεγονός είναι ότι στη μικρή παιδική ηλικία οι διαταραχές λόγου (φωνής άρθρωσης, ρυθμού) παρουσιάζονται με μεγαλύτερη συχνότητα από ό,τι στις πρώτες τάξεις του Δημοτικού. Φαινομενολογικά οι διαταραχές του λόγου (προφορικού-γραπτού) ταξινομούνται σε:

- διαταραχές άρθρωσης
- διαταραχές στην κατανόηση και στην έκφραση (νευρολογικές διαταραχές, εγκεφαλικές κακώσεις)
- διαταραχές φώνησης
- διαταραχές ρυθμού ομιλίας (τραυλισμός, ταχυλαλία)
- διαταραχές γραπτού λόγου (σε ανάγνωση, γραφή, γραμματική, συντακτικό)

Οι αιτίες τέτοιων διαταραχών οφείλονται από τη μια σε βιολογικούς παράγοντες και από την άλλη στο κοινωνικό περιβάλλον, μέσα στο οποίο μεγαλώνει το παιδί. Επιγραμματικά οι αιτίες για τη γλωσσική επιβράδυνση μπορεί να είναι:

- γενετικοί παράγοντες, εγκεφαλοπάθειες
- βλάβες στην ακοή ή/και στην όραση
- βλάβες της κυριαρχίας, του φωνητικού μηχανισμού
- δυσμενείς οικογενειακές και κοινωνικές συνθήκες

Είναι γνωστό ότι το παιδί αναπτύσσει την ομιλία του κυρίως γιατί τα πρώτα γλωσσικά ερεθίσματα τα παίρνει από το οικογενειακό του περιβάλλον. Αν, λοιπόν, το παιδί μεγαλώνει σε ένα φτωχό σε ερεθίσματα περιβάλλον, με λίγα γλωσσικά πρότυπα, που δεν του προκαλεί τη μίμηση από όσα ακούει και η γλωσσική επικοινωνία ανάμεσα στους γονείς και στο ίδιο είναι μειωμένη, τότε συνέπεια όλων αυτών θα είναι η γλωσσική του επιβράδυνση και διαταραχή.

27

Αξίζει να δούμε αναλυτικότερα τους παράγοντες που επηρεάζουν αρνητικά την ανάπτυξη της ομιλίας:

- ατυχήματα της μητέρας κατά τη διάρκεια της εγκυμοσύνης καθώς και η κατανάλωση αλκοόλ, η κακή διατροφή και ο διαβήτης επηρεάζουν αρνητικά την γλωσσική ανάπτυξη του παιδιού
- τραυματισμοί, ασφυξία και πρόωρος τοκετός μπορούν να προκαλέσουν ανωμαλίες στην έκφραση και κατανόηση της ομιλίας
- η κληρονομικότητα, οι εκ γενετής παραμορφώσεις του φωνητικού μηχανισμού, η σειρά γέννησης (τα πρωτότοκα μιλάνε νωρίτερα) και το φύλο (τα κορίτσια μιλάνε πιο γρήγορα από τα αγόρια) αποτελούν ενοχοποιητικούς παράγοντες για τις διαταραχές ομιλίας και λόγου
- πολύ συχνά τα δίδυμα παρουσιάζουν διαταραχές στην ομιλία με συνέπεια η ανάπτυξή τους να είναι πιο αργή
- επανειλημμένες βαριές αρρώστιες του παιδιού, κυρίως στα πρώτα τρία χρόνια της ζωής του, όπως ωτίτιδες, φρενάρουν τη γλωσσική ανάπτυξη, αφού όπως είπαμε τα παιδιά αναπτύσσουν την ομιλία τους μέσω της μίμησης
- η διγλωσσία μπορεί να αποτελέσει ανασταλτικό παράγοντα στη γλωσσική ανάπτυξη, διότι το παιδί προσπαθεί να εδραιώσει φωνολογικά πρότυπα δύο συστημάτων
- τέλος, όπως προαναφέρθηκε, η έκθεση του παιδιού σε ποικίλα ερεθίσματα, οι συνθήκες στις οποίες μεγαλώνει, η οικογενειακή ατμόσφαιρα, το κοινωνικό περιβάλλον παίζουν αποφασιστικό ρόλο στη σωστή και γρήγορη ανάπτυξη της ομιλίας του

Σημαντικό είναι να γνωρίζουμε ότι τα προβλήματα λόγου και ομιλίας στην παιδική ηλικία ευθύνονται αρκετά συχνά για τη χαμηλή σχολική επίδοση και τις δυσκολίες του παιδιού να μάθει την πρώτη γραφή και ανάγνωση. Τα παιδιά με ιστορικό διαταραχών λόγου και ομιλίας θεωρούνται *ομάδα υψηλού κινδύνου*, γιατί υπάρχει η πιθανότητα τα φωνολογικά λάθη να επεκταθούν στη γραφή και στην ανάγνωση, γεγονός που θα έχει σαν συνέπεια και δευτερογενή προβλήματα για το παιδί, όπως κακή ψυχολογία, ματαίωση, χαμηλή αυτοεκτίμηση, προβλήματα συμπεριφοράς, μειωμένη κοινωνικότητα και φόβο έκφρασης, αδυναμία στην επικοινωνία. Δυσχεραίνεται κάθε μορφή μάθησης με δυσκολίες στην οργάνωση προφορικού και γραπτού λόγου, καθώς επίσης και δυσκολία στη μαθηματική σκέψη.

Γενικότερα λοιπόν η γλωσσική επιβράδυνση επηρεάζει την εξέλιξη της προσωπικότητας των παιδιών, για αυτό είναι σημαντικό να δούμε παρακάτω πότε πρέπει να ζητήσουμε βοήθεια από το λογοθεραπευτή, ώστε να αποφύγουμε παρόμοιες καταστάσεις:

- όταν το παιδί αδυνατεί να μιμηθεί συγκεκριμένους ήχους
- παραλείπει ήχους και συλλαβές από τις λέξεις
- μπερδεύει ήχους σε μία λέξη
- δυσκολεύεται να καταλάβει αυτά που του λένε
- δυσκολεύεται να βρει τις κατάλληλες λέξεις για να εκφραστεί σωστά και να συντάξει την πρότασή του
- δυσκολεύεται να πάρει μέρος σε μια συζήτηση και
- δυσκολεύεται να διηγηθεί πρόσφατα γεγονότα της καθημερινότητάς του

Για όλους λοιπόν τους παραπάνω λόγους η διάγνωση των διαταραχών λόγου στα παιδιά πρέπει να γίνεται έγκαιρα. Η πιο κατάλληλη ηλικία για την αγωγή λόγου είναι η προσχολική ηλικία, αρχίζοντας από το τέταρτο έτος, διότι το παιδί είναι συνεργάσιμο. Η καθυστέρηση αγωγής εδραιώνει την διαταραχή και δυσχεραίνει την αποκατάσταση.

Γ. ΔΙΑΤΑΡΑΧΕΣ ΠΟΥ ΧΡΗΖΟΥΝ ΛΟΓΟΘΕΡΑΠΕΥΤΙΚΗΣ ΠΑΡΕΜΒΑΣΗΣ (ΟΡΙΣΜΟΣ– ΑΞΙΟΛΟΓΗΣΗ– ΘΕΡΑΠΕΙΑ)

Σε αυτό το σημείο θα αναφερθούμε στις πιο σημαντικές και πιο συχνά εμφανιζόμενες διαταραχές επικοινωνίας, δίνοντας ιδιαίτερη βάση σε μικρά διαγνωστικά και θεραπευτικά βήματα, που θα ξεκαθαρίσουν την εικόνα τής λογοθεραπευτικής διαδικασίας.

Έχουμε επισημάνει πως το πρώτο βήμα, προτού ξεκινήσει η θεραπεία των διαταραχών επικοινωνίας, είναι μια πλήρης λογοθεραπευτική αξιολόγηση, η οποία θα μας επιτρέψει να καθορίσουμε αν υπάρχει επικοινωνιακή διαταραχή, τη φύση της και το μέγεθός της. Επιπρόσθετα μέσα από την αξιολόγηση θα μπορέσουμε να πάρουμε αρκετές πληροφορίες για να ορίσουμε τους θεραπευτικούς στόχους, τις διαδικασίες θεραπείας και το χρονοδιάγραμμά της.

Τα βήματα της αξιολόγησης που είναι κοινά για κάθε κλινικό είναι τα εξής:

- λήψη ιστορικού (πληροφορίες τοκετού και ανάπτυξης, ιατρικό, κοινωνικό, εκπαιδευτικό και οικογενειακό ιστορικό, προηγούμενη αξιολόγηση και θεραπεία)
- συνέντευξη με τον πελάτη ή με το γονιό (η συνέντευξη μάς επιτρέπει να διευκρινίσουμε κάποιες πληροφορίες του ιστορικού, αλλά και να συγκεντρώσουμε πληροφορίες που έχουν παραλειφθεί. Τυπικά όσο πιο πολύπλοκο είναι το ιατρικό ιστορικό τόσο πιο εκτενής είναι και η συνέντευξη)
- στοματοπροσωπική εξέταση (η συγκεκριμένη εξέταση γίνεται για να ελέγξουμε τη δομική και λειτουργική επάρκεια του μηχανισμού ομιλίας)
- έλεγχος της ακοής του πελάτη (παραπέμπουμε τον πελάτη σε ακοολόγο ή ωτορινολαρυγγολόγο)

33

- συλλογή δείγματος ομιλίας-λόγου και φωνής (το δείγμα αυτό που αποκτούμε μέσα από το διάλογο και την εξέταση της αρθρωτικής ικανότητας μάς επιτρέπει να συλλέξουμε πληροφορίες για το σημασιολογικό, μορφολογικό, συντακτικό και πραγματολογικό τομέα της ομιλίας του πελάτη, την καταληπτότητά του και τα χαρακτηριστικά της φωνής του όπως ποιότητα, ένταση και ύψος)
- χορήγηση σταθμισμένων τεστ που έχουν σχεδιαστεί για την αξιολόγηση των επικοινωνιακών διαταραχών
- ανάλυση αποτελεσμάτων και σύνταξη έκθεσης παραθέτοντας τις αντικειμενικές και υποκειμενικές μας παρατηρήσεις. Συστήνουμε ή όχι θεραπεία και αναφέρουμε συγκεκριμένους στόχους, πρόγνωση και πιθανή διάρκεια της θεραπείας

Είναι σημαντικό να θυμόμαστε ότι η αξιολόγηση αντιπροσωπεύει την απόδοση του ασθενή σε συγκεκριμένη κατάσταση με περιορισμένο χρόνο και συνθήκες. Η καλή αξιολόγηση αποτελεί την αρχή μιας αποτελεσματικής παρέμβασης, όπως μια καλή παρέμβαση χαρακτηρίζεται από τακτική αξιολόγηση της αποτελεσματικότητάς της.

Πριν θέσουμε σε λειτουργία το θεραπευτικό πρόγραμμα, θα πρέπει να είμαστε σε θέση να περιγράψουμε και να διαγνώσουμε το γλωσσικό πρόβλημα του πελάτη. Για μια ακριβή διάγνωση του γλωσσικού προβλήματος είναι απαραίτητη η διεπιστημονική αξιολόγηση της υπάρχουσας κατάστασης, όπως προαναφέρθηκε.

Η θεραπεία του ατόμου με προβλήματα επικοινωνίας προϋποθέτει την πλήρη γνώση και αποδοχή της υπάρχουσας κατάστασης, ώστε να έχει τη δυνατότητα ο λογοθεραπευτής να αξιολογεί την εξέλιξη, να εντοπίζει τυχόν κενά και να προετοιμάζει το επόμενο θεραπευτικό στάδιο θέτοντας νέους στόχους. Η θεραπεία του λόγου θα πρέπει να γίνεται στο περιβάλλον του πελάτη (εφόσον αυτό είναι εφικτό) με φυσικό τρόπο, για να αποφεύγεται η αίσθηση μιας τεχνητής κατάστασης, που ίσως δημιουργήσει δυσάρεστες συνέπειες στη θεραπευτική αγωγή.

Οι στόχοι της θεραπείας του λόγου καθορίζονται από τις ανάγκες του πελάτη, τις ατομικές ιδιαιτερότητες, τις δυνατότητες και το περιβάλλον όπου ζει και εξελίσσεται. Όμως υπάρχουν ορισμένες αρχές για την επιλογή της συμπεριφοράς-στόχου:

- αρχικά και στους περισσότερους πελάτες θα πρέπει να έχουμε πολλούς στόχους
- έπειτα, επειδή οι περισσότεροι πελάτες δεν μπορούν να μάθουν πολλαπλούς στόχους ταυτόχρονα, επιλέγουμε τους πιο βασικούς στόχους

στην αρχή της θεραπείας, και αφού κατακτηθούν, διδάσκουμε τους επόμενους. Η επιλογή των στόχων πρέπει να γίνεται προσεκτικά και ειδικά σε ό, τι αφορά τα παιδιά να είναι περιορισμένοι και να ιεραρχούνται σωστά

- σε κάθε στάδιο θα πρέπει να γίνεται σωστή επιλογή των στόχων με βάση τις ανάγκες του πελάτη, γιατί κάποιες συμπεριφορές θα πρέπει να διδάσκονται πριν από κάποιες άλλες ανάλογα πάντα με τη διαταραχή
- επιλέγουμε συμπεριφορές που θα προκαλέσουν άμεση και κοινωνικά σημαντική διαφορά στην επικοινωνία του πελάτη
- επιλέγουμε τις πιο χρήσιμες συμπεριφορές που θα ικανοποιήσουν τις ανάγκες του πελάτη, θα τον βοηθήσουν να ανταποκριθεί στις καθημερινές απαιτήσεις και θα ενισχύονται από το περιβάλλον του
- κύριος και τελικός στόχος είναι η σωστή γλωσσική επικοινωνία, η οποία είναι απαραίτητη για την κοινωνική επαφή και επιβίωση

Η διάγνωση και η θεραπεία αποτελούν αναπόσπαστες διαδικασίες και θα πρέπει κάθε φορά ανάλογα με την επίτευξη ή όχι των στόχων να αναθεωρούνται.

Ένα τελευταίο σημείο που χρειάζεται ιδιαίτερη φροντίδα και προσοχή για να υπάρξει αποτελεσματική θεραπεία είναι η καλή σχέση που θα πρέπει να χτιστεί ανάμεσα στον κλινικό και στον πελάτη και στην οικογένειά του, διότι τα άτομα με διαταραχές επικοινωνίας δε νιώθουν άνετα με τη θεραπευτική διαδικασία, δε γνωρίζουν τα στάδιά της, τη διάρκεια και το αν θα υπάρξουν αποτελέσματα, και επιπρόσθετα δεν έχουν την ίδια γνώση και τον ίδιο ενθουσιασμό με τον κλινικό.

Για αυτό το λόγο ο κλινικός από την πλευρά του θα πρέπει να εδραιώσει μια καλή σχέση ανάμεσα στον ίδιο, τον πελάτη και την οικογένειά του εκπαιδεύοντάς τους σε ό, τι αφορά τις ευθύνες, τη διαδικασία της θεραπείας και τα αποτελέσματά της.

Αρχικά περιγράφουμε τη γενική εικόνα της θεραπείας, χρησιμοποιώντας απλή γλώσσα, δίνουμε ακριβείς πληροφορίες και συζητάμε τα βήματα της θεραπευτικής διαδικασίας, διευκρινίζοντας ότι η θεραπεία αρχίζει από ένα απλό στάδιο και γίνεται πολύπλοκη στη συνέχεια. Δίνουμε χώρο και χρόνο στον πελάτη για τυχόν ερωτήσεις και δεν ορίζουμε ποτέ απόλυτα το χρονοδιάγραμμα της θεραπευτικής διαδικασίας, αφού η επίτευξη των στόχων εξαρτάται από το ίδιο το άτομο με την επικοινωνιακή διαταραχή, την οικογενειακή υποστήριξη και το περιβάλλον του. Ζητάμε από την οικογένεια του πελάτη να συμμετάσχει σε κάποιες συνεδρίες, ώστε να κατανοήσει τη διαδικασία και να αρχίσει να εντάσσεται σε αυτή, συμβάλλοντας στην ταχύτερη αποκατάσταση του ατόμου. Ο απώτερος στόχος της θεραπείας είναι να μεταφέρουμε τη συμπεριφορά-στόχο στο οικογενειακό περιβάλλον του ατόμου για να υποστηρίξει η οικογένεια τη νέα επικοινωνιακή συμπεριφορά στο σπίτι και στα υπόλοιπα περιβάλλοντα, έτσι ώστε να γενικευθεί και να εδραιωθεί.

1. Στοματοπροσωπικός έλεγχος-θεραπευτικές ασκήσεις

Η ομιλία είναι ένα καθαρά ανθρώπινο χαρακτηριστικό και δηλώνει τον τρόπο επικοινωνίας ανάμεσα στους ανθρώπους. Ο μηχανισμός της ομιλίας είναι πολύπλοκος και ο τρόπος λειτουργίας του έχει την έδρα του σε συγκεκριμένη περιοχή στον εγκέφαλο, η οποία ονομάζεται *περιοχή Broca*.

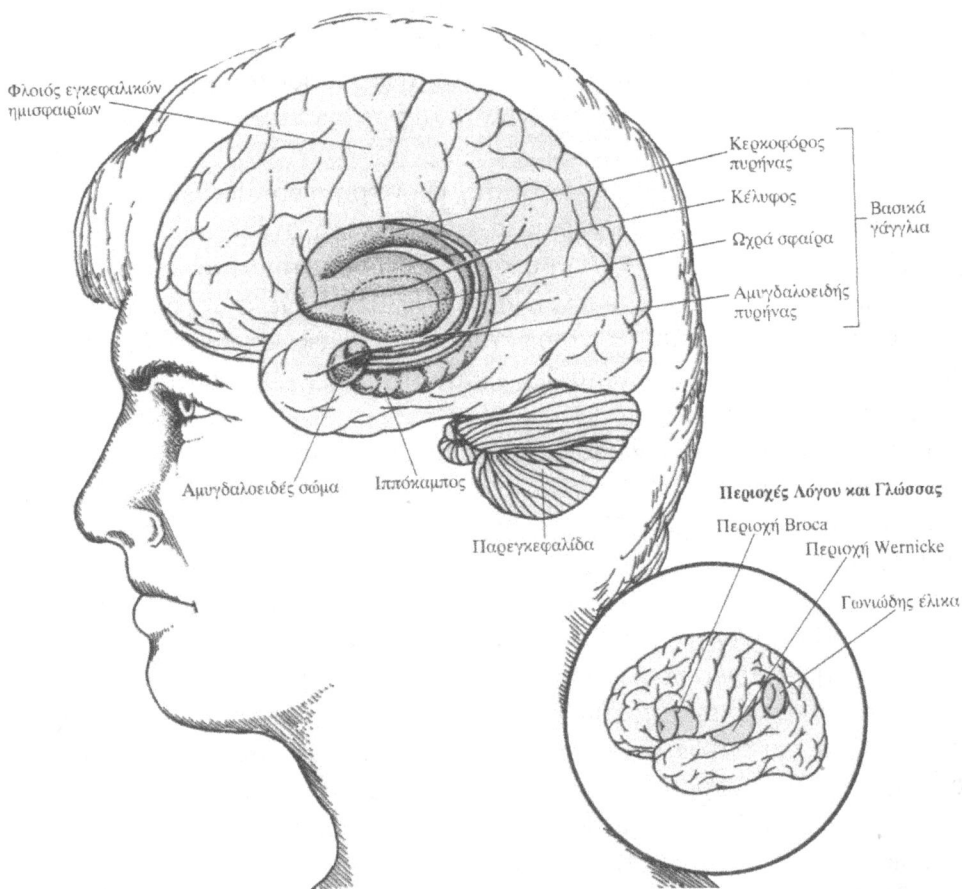

Εικ. 2 Περιοχές εγκεφάλου υπεύθυνες για τη λειτουργία του λόγου της μνήμης και της μάθησης

Οι λειτουργίες που ευθύνονται για την παραγωγή ομιλίας είναι η *αναπνοή*, η *φώνηση* και η *άρθρωση*. Πίσω όμως από τις τρεις αυτές λειτουργίες κρύβεται μια ομάδα οργάνων που ενεργοποιούνται κάθε φορά που επιθυμούμε να εκφραστούμε κυρίως λεκτικά και είναι: *το άνω και κάτω αναπνευστικό σύστημα* (τραχεία, βρόγχοι, πνεύμονες, διάφραγμα), *ο φωνητικός μηχανισμός* (λάρυγγας, φωνητικές χορδές), *οι αρθρωτές* (χείλη, δόντια, γλώσσα, υπερώα, φάρυγγας, επιγλωττίδα), *το νευρικό σύστημα* και *η ακοή*. Η λειτουργία των οργάνων αυτών εξυπηρετεί εκτός από την ομιλία και άλλες βιολογικές ανάγκες, όπως η αναπνοή και η σίτιση. Βλάβες στον εγκέφαλο ή στα όργανα της ομιλίας έχουν ως συνέπεια την εμφάνιση διαταραχών στην επικοινωνία.

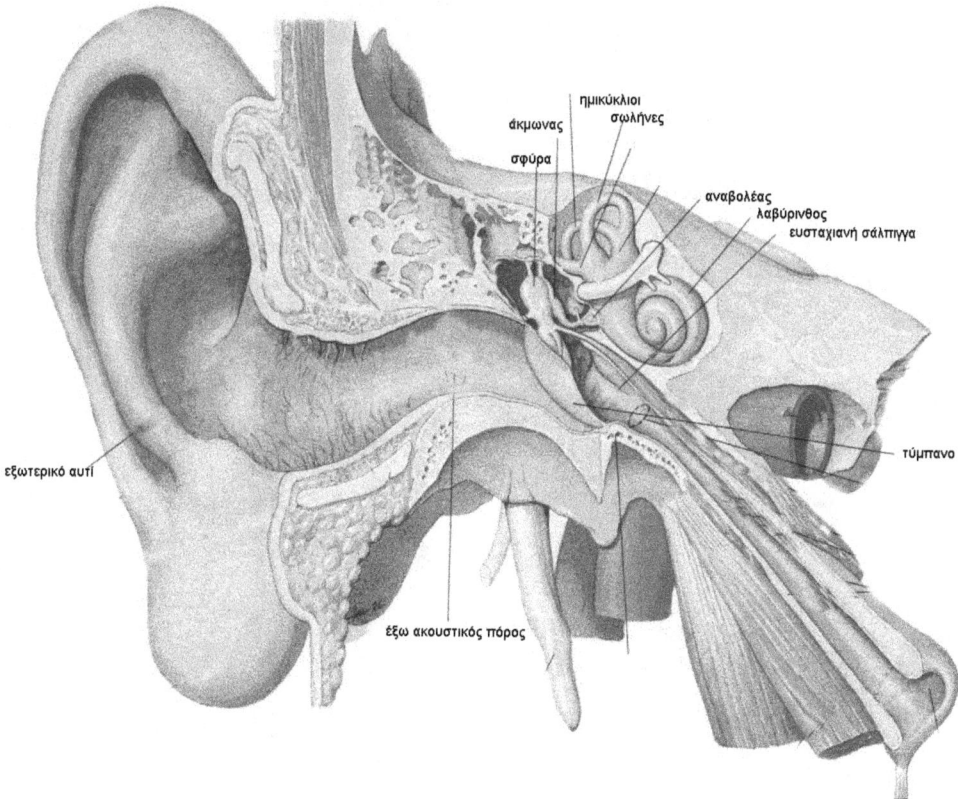

Εικ. 3 Αυτί εξωτερικό, μέσω και έσω

μύτη

σκληρή υπερώα

άνω σιαγόνα

χείλια

στόμα

μαλακή υπερώα

γλώσσα

κάτω σιαγόνα

στοματοφάρυγγας

επιγλωττίδα

υοειδές οστό

φωνητικές χορδές

κρικοειδής

θυρεοειδής

λάρυγγας

τραχεία

δεξιός στελεχιαίος βρόγχος

αριστερός στελεχιαίος βρόγχος

δεξιός πνεύμονας

αριστερός πνεύμονας

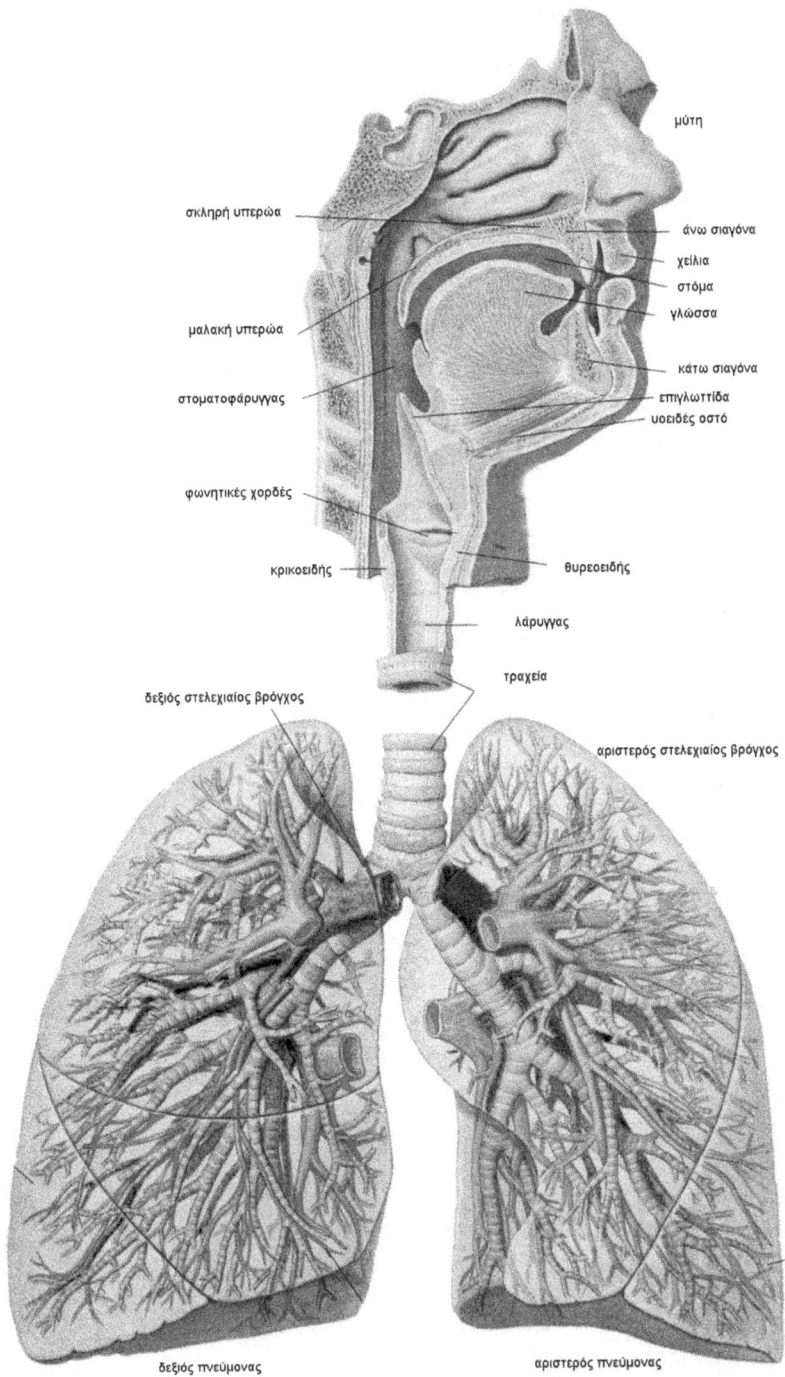

Εικ. 4 Όργανα αναπνοής και ομιλίας

38

Για το λόγο αυτό η στοματοπροσωπική εξέταση πραγματοποιείται πρώτη σε μια λογοθεραπευτική αξιολόγηση. Με την εξέταση αυτή ελέγχουμε πόσο επαρκής είναι ο στοματικός μηχανισμός και πόσο καλά λειτουργεί η κάθε δομή ξεχωριστά κατά την παραγωγή ομιλίας.

Έτσι λοιπόν με συστηματικό και προσεχτικό τρόπο ο λογοθεραπευτής εξετάζει το πρόσωπο, τα χείλη, τη γλώσσα, τα δόντια, την σκληρή και μαλακή υπερώα και το φάρυγγα. Η κάθε δομή αξιολογείται: **α)** δομικά, δηλαδή εξετάζεται η ομαλότητά της και η σχέση της με τις υπόλοιπες και **β)** λειτουργικά, δηλαδή εξετάζεται η κίνηση και η απόδοση.

Η εξέταση γίνεται μέσω λεκτικών (παράγεται ομιλία, φωνή), μη λεκτικών ασκήσεων (δεν παράγεται ομιλία, φωνή) και ασκήσεων διαδοχοκίνησης (γρήγορη επανάληψη λεκτικών και μη λεκτικών ασκήσεων). Μέσα από αυτές τις ασκήσεις συλλέγουμε στοιχεία για το εύρος της κίνησης, τη διάρκεια, τη δύναμη, τη σταθερότητα, την ταχύτητα και την ακρίβειά της. Κυρίως μέσα από τις ασκήσεις διαδοχοκίνησης επιχειρείται η μεγαλύτερη ταχύτητα στην κίνηση και στην ομιλία, για να δούμε πόσο καλά λειτουργούν οι αρθρωτές και ο μηχανισμός στο σύνολό του. Τα εργαλεία που χρησιμοποιεί ο λογοθεραπευτής για τη συγκεκριμένη εξέταση είναι ένας στυλοφακός, γλωσσοπίεστρο, μικρό καθρεφτάκι, χρονόμετρο και ελαστικά γάντια και μαγνητοφωνάκι για την καταγραφή των παρατηρήσεων.

Στη συνέχεια θα δούμε αναλυτικά τι στοιχεία συλλέγουμε από κάθε δομή του μηχανισμού ομιλίας και για ποιο λόγο. Οι ασκήσεις σε αυτό το κομμάτι της αξιολόγησης χρησιμοποιούνται συνήθως και για την θεραπεία διαταραχών, εκτός από περιπτώσεις που είναι αναγκαία η παρέμβαση χειρουργού για την δομική-λειτουργική αποκατάσταση του οργάνου- αρθρωτή.

α) Πρόσωπο

Το πρόσωπο εξετάζεται κυρίως λόγω του ρόλου που παίζει στη μη λεκτική επικοινωνία και γιατί η δομή του αποτελεί στοιχείο που βοηθά να διαγνώσουμε συγκεκριμένα σύνδρομα ή ασθένειες. Τα κρανιακά νεύρα που είναι υπεύθυνα για την αίσθηση και την κίνηση του προσώπου είναι το *τρίδυμο* (V) και το *προσωπικό* (VII). Τα στοιχεία που λαμβάνουμε από τη εξέτασή του είναι τυχόν μυϊκές αδυναμίες, ατονίες ή προβλήματα στη νεύρωση του προσώπου ή του στόματος, τα οποία είναι δυνατόν να επηρεάσουν την παραγωγή λόγου αλλά και την έκφραση του προσώπου. Παρατηρούμε λοιπόν τη γενική συμμετρία, αν υπάρχει ατονία στη γωνία του στόματος, αν υπάρχει πτώση βλεφάρου, ελέγχουμε για ετερόπλευρες ατονίες στη γνάθο, για σπασμούς και για τικς.

Οι ασκήσεις που ζητάμε από τον ασθενή να κάνει, από τις οποίες οι περισσότερες χρησιμοποιούνται και στη θεραπεία, είναι οι εξής:

- να ανοίξει το στόμα του όσο πιο πολύ μπορεί (οπότε κοιτάζουμε για αποκλίσεις, μυϊκές αδυναμίες)
- να σηκώσει και τα δύο φρύδια (ρυτίδωση μετώπου)
- να κλείσει σφιχτά τα μάτια (μυϊκή δύναμη)
- να χαμογελάσει (συμμετρική κίνηση στις γωνίες στόματος)
- τέλος, κλείνοντας τα μάτια ο ασθενής πρέπει να αντιληφθεί τον εξεταστή αν τον αγγίζει, πού τον αγγίζει, αν πονάει και πού πονάει

β) Χείλη

Τα χείλη είναι ένας από τους πιο σημαντικούς αρθρωτές, διότι συμβάλλει καθοριστικά στην παραγωγή της ομιλίας, στη σίτιση και γενικότερα στην έκφραση του προσώπου. Αν εξετάζοντας αυτή τη δομή παρατηρήσουμε κάποια απόκλιση, αυτό σημαίνει ότι θα επηρεαστούν οι παραπάνω λειτουργίες σε ορισμένο βαθμό. Έτσι λοιπόν αξιολογούμε τα χείλη ως προς τη *δομή*, τη *λειτουργικότητα* και τη *δύναμή* τους.

Δομή χειλιών: ελέγχουμε τη συμμετρία, το σχήμα τους, το περίγραμμα και την κατάσταση γενικότερα, διότι αν υπάρξει εδώ κάποια ανωμαλία, ίσως να σημαίνει και ύπαρξη νευρομυϊκού προβλήματος. Επιπλέον παρατηρούμε αν ο ιστός στα χείλη είναι επαρκής, υγιής, αν τυχόν υπάρχουν φλεγμονές ή μολύνσεις, αν μπορούν να κλείσουν τα χείλη, αν υπάρχει σιελόρροια και αν είναι εμφανής τυχόν σχιστία (ανατομική ανωμαλία), η οποία πρέπει να επιδιορθωθεί ή έχει ήδη αποκατασταθεί και έχει αφήσει σημάδι ουλής.

Λειτουργία χειλιών: αυτό το κομμάτι της εξέτασης γίνεται με λεκτικές και μη λεκτικές ασκήσεις, τις οποίες συνήθως χρησιμοποιούμε και για τη θεραπεία της λειτουργικότητας των χειλιών. Ζητώντας από τον πελάτη μας να κάνει ασκήσεις χωρίς να παράγει ομιλία, παρατηρούμε το εύρος, τη διάρκεια και την ένταση των κινήσεων των χειλιών. Σε περίπτωση που εντοπίσουμε αδυναμία στην εκτέλεση της άσκησης, ελέγχουμε είτε για μη κατανόηση της άσκησης, οπότε ζητάμε να μας μιμηθεί, είτε για νευρομυϊκό πρόβλημα, οπότε παραπέμπουμε για ιατρική εξέταση. Οι λεκτικές ασκήσεις που κάνουμε για να ελέγξουμε, αλλά και να αποκαταστήσουμε, τη λειτουργία των χειλιών είναι να ζητήσουμε από τον πελάτη μας να παράγει για ορισμένη διάρκεια τον ήχο /iuiuiuiu/, να επαναλάβει τη συλλαβή /pa/ και τους ήχους /m/, /p/, /b/. Με αυτό τον τρόπο ελέγχουμε κατά πόσο χρησιμοποιεί και τα δύο χείλη ή άλλες αντισταθμιστικές κινήσεις, τις οποίες θα πρέπει να αφαιρέσουμε.

Δύναμη χειλιών: Η δύναμη μπορεί να ελεγχθεί και να αποκατασταθεί με δύο τρόπους. Αρχικά ζητάμε από τον πελάτη να φουσκώσει τα μάγουλά του και εμείς ασκούμε πίεση πρώτα στο ένα και έπειτα στο άλλο, καθώς εκείνος κρατάει αντίσταση. Έπειτα του ζητάμε να φουσκώσει τα μάγουλα και να τα κρατήσει έτσι για ορισμένο χρονικό διάστημα, το οποίο σταδιακά θα αυξάνεται μέχρι να πετύχουμε την επιθυμητή δύναμη των χειλιών, με την οποία θα κλείνουν και θα ανοίγουν για τη διεκπεραίωση των λειτουργιών που αναφέρθηκαν.

γ) Δόντια

Τα δόντια ελέγχονται διότι ως αρθρωτές συμμετέχουν και αυτά στην παραγωγή ομιλίας, και επομένως πιθανές οδοντικές ανωμαλίες είναι δυνατόν να αποτελέσουν αιτία φωνολογικών διαταραχών. Εδώ η μόνη άσκηση για λόγους παρατήρησης είναι να ζητήσουμε από τον πελάτη μας να δαγκώσει τα πίσω δόντια και μετά να εκτείνει τα χείλη του μέχρι να φανούν τα ούλα. Παρατηρούμε την ανάπτυξη των δοντιών, τη γενικότερη κατάσταση, το κλείσιμο των γνάθων, τις πιθανές αποκλίσεις στα μπροστινά δόντια, την ευθυγράμμισή τους, την οδοντική σύγκλειση σύμφωνα με το σύστημα οδοντικής ταξινόμησης Angle's class και τυχόν οδοντιατρικά βοηθήματα και προσθέματα (σιδεράκια, τεχνητές οδοντοστοιχίες). Ως θεραπευτές οφείλουμε να γνωρίζουμε τις ονομασίες των δοντιών και τις τυπικές ηλικίες που εμφανίζονται τα μόνιμα δόντια, κυρίως όταν έχουμε να κάνουμε με παιδιά. Σε αυτή τη δομή δεν μπορούμε να παρέμβουμε θεραπευτικά, αλλά αν παρατηρήσουμε τυχόν ανωμαλία που επηρεάζει σημαντικά την παραγωγή ομιλίας, οφείλουμε να παραπέμψουμε τον πελάτη στον οδοντίατρο.

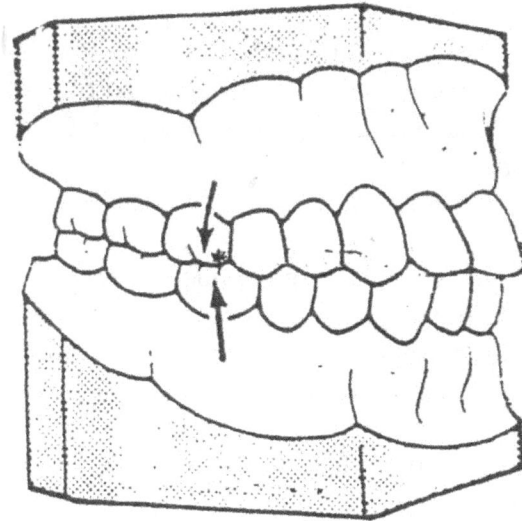

Εικ. 5 τα δόντια σε φυσιολογική σύγκλειση

41

δ) Γλώσσα

Η γλώσσα παίζει σημαντικό ρόλο και στην ομιλία και στην κατάποση και είναι ανάλογη με το μέγεθος και το σχήμα του στόματος. Τα κρανιακά νεύρα που ευθύνονται για την αίσθηση και την κίνηση είναι το *προσωπικό* (VII), το *γλωσσοφαρυγγικό* (IX) και το *υπογλώσσιο* (XII). Οπότε αδυναμία των μυών και της νεύρωσης της γλώσσας είναι πολύ πιθανό να σημαίνει περιφερειακή βλάβη των νεύρων με συνέπεια νευροκινητικά προβλήματα.

Η δομή της γλώσσας ελέγχεται σε κατάσταση ηρεμίας παρατηρώντας το σχήμα, το μέγεθος, τυχόν αυλακώσεις, δεσμιδώσεις, συσπάσεις ή σπασμούς. Ζητώντας από τον πελάτη να εξωθήσει τη γλώσσα, ελέγχουμε για αποκλίσεις, αδυναμίες και χρώμα. Επιπλέον παρατηρούμε τον ιστό, αν λείπει μέρος του, και το χαλινό, τον ιστό στο κάτω μέρος της γλώσσας που επηρεάζει την ανύψωση και εξώθησή της.

Η λειτουργία της γλώσσας ελέγχεται από δύο τύπους ασκήσεων, τις λεκτικές και μη λεκτικές, τις οποίες συνήθως χρησιμοποιούμε και για την ενδυνάμωσή της θεραπευτικά. Φυσιολογικά η γλώσσα μπορεί να κινηθεί πολύ εύκολα και πολύ γρήγορα με μεγάλη ακρίβεια. Οποιοσδήποτε περιορισμός της κίνησής της μπορεί να επηρεάζει την παραγωγή ομιλίας σε μικρό ή μεγάλο βαθμό.

Έτσι λοιπόν στην ομάδα των μη λεκτικών ασκήσεων περιλαμβάνονται τα εξής:

- ζητάμε από τον πελάτη να σηκώσει την άκρη της γλώσσας αρχικά μέσα και πάνω στον ουρανίσκο, έπειτα έξω και πάνω ή έξω και κάτω στα χείλη χωρίς να παράγει ήχο. Οι κινήσεις θα πρέπει να γίνονται ομαλά και με ακρίβεια
- έπειτα ζητάμε να κουνήσει τη γλώσσα δεξιά και αριστερά στο στόμα και ελέγχουμε την ταχύτητα της κίνησης
- τέλος ζητάμε να κουνήσει την γλώσσα κυκλικά στο άνοιγμα του στόματος και παρατηρούμε το συγχρονισμό και τη σταθερότητα της κίνησης. Εδώ είναι πολύ πιθανό να χρησιμοποιήσει ο πελάτης ως βοηθητικό μέσο την κάτω γνάθο, κάτι που δεν είναι επιθυμητό, οπότε οφείλουμε να τον αποτρέψουμε από τη συγκεκριμένη βοήθεια.

Οι λεκτικές ασκήσεις που περιλαμβάνουν παραγωγή ομιλίας είναι οι εξής:

- ξεκινάμε με ασκήσεις διαδοχοκίνησης και ζητάμε να επαναλάβει τη συλλαβή /pa/ όσο πιο γρήγορα μπορεί. Έπειτα ζητάμε την επανάληψη της συλλαβής /ta/ και της συλλαβής /ka/. Στην ουσία ελέγχουμε με αυτό τον τρόπο ξεχωριστά τη λειτουργία των τμημάτων της γλώσσας

- επομένη άσκηση διαδοχοκίνησης είναι η παραγωγή των παραπάνω συλλαβών συνδυασμένων αυτή τη φορά (/pataka/), όσο πιο γρήγορα μπορεί. Παρατηρούμε αν το άτομο διατηρεί τη σωστή σειρά των συλλαβών ή αν αυτές μπερδεύονται και μειώνεται ο ρυθμός τους
- τέλος, ελέγχουμε το χαλινό και το κατά πόσο παρεμποδίζει την κίνηση της γλώσσας με το να ζητήσουμε από τον πελάτη να πει τους ήχους /l, n ,t, d/ ανυψώνοντας την άκρη της γλώσσας στο οπίσθιο μέρος των άνω κεντρικών κοπτήρων. Στην αποκατάσταση συνήθως βοηθάμε εμείς τον πελάτη να κάνει αυτές τις κινήσεις με τις λεγόμενες παθητικές ασκήσεις, μέχρι να τα καταφέρει μόνος του

Η δύναμη της γλώσσας ελέγχεται και αποκαθίσταται με τους ακόλουθους τρόπους:

- με τη βοήθεια ενός γλωσσοπίεστρου ζητάμε από τον ασθενή να βγάλει τη γλώσσα μπροστά και έξω με σκοπό να το ακουμπήσει, καθώς εμείς θα ασκήσουμε αντίσταση. Το ίδιο κάνουμε ζητώντας αυτή τη φορά να τοποθετήσει τη γλώσσα έξω και αριστερά στην άκρη του στόματος και έπειτα δεξιά
- επόμενη άσκηση είναι να τοποθετήσει ο πελάτης τη γλώσσα του στο εσωτερικό μέρος από το μάγουλό του αρχικά αριστερά και έπειτα δεξιά, καθώς εμείς θα ασκούμε πίεση στο εξωτερικό μέρος. Αν ανιχνευθεί αδυναμία κατά τη διάρκεια αυτής της άσκησης, τότε η αιτία της διαταραχής στην ομιλία και στην κατάποση θα είναι νευρομυϊκής φύσεως.

ε) Σκληρή και μαλακή υπερώα/υπερωοφαρυγγικός μηχανισμός

Υπερώα ονομάζουμε το εσωτερικό άνω τμήμα του στόματος, το οποίο κατά την παραγωγή ομιλίας και κατά την κατάποση διαχωρίζει τη ρινική από τη στοματική κοιλότητα. Διακρίνεται σε *σκληρή* (ουρανίσκος) και *μαλακή* (το οπίσθιο μέρος της που καταλήγει στη σταφυλή) και κατέχει σημαντικό ρόλο τόσο στην ομιλία όσο και στην κατάποση, διότι αν δεν είναι ακέραια, μπορεί να περάσει αέρας από το στόμα στη ρινική κοιλότητα και καθώς μιλάμε να διαφύγει από τη μύτη, με αποτέλεσμα να ακουστεί ένρινη ομιλία. Για το λόγο αυτό ελέγχονται η δομή, το σχήμα της, το χρώμα και αν υπάρχουν περιορισμοί στο βάθος της κοιλότητας και στο ύψος.

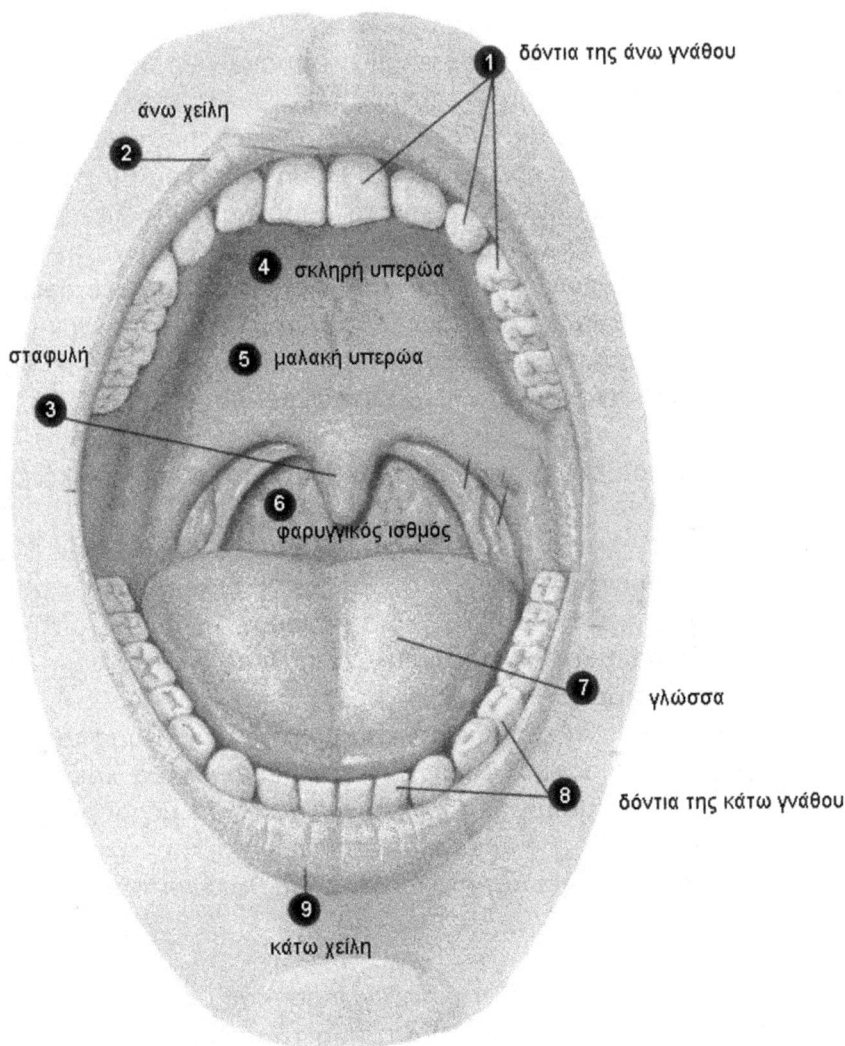

Εικ. 6 Εσωτερικό στόματος

Ο *υπερωοφαρυγγικός μηχανισμός* είναι το άνοιγμα και κλείσιμο στο πίσω μέρος του λαιμού, που διαχωρίζει τη στοματική από τη ρινική κοιλότητα και διασφαλίζει την ομαλή κατάποση και εκφορά της ομιλίας. Γενικά ο υπερωοφαρυγγικός μηχανισμός είναι κλειστός κατά την παραγωγή μη ρινικών ήχων και κατά την κατάποση, ώστε να επιτρέπει στις τροφές να περνάνε στο φάρυγγα.

Η λειτουργία του ελέγχεται και αποκαθίσταται, αν δεν υπάρχει η ανάγκη χειρουργικής επέμβασης, με τις παρακάτω ασκήσεις:

44

- μη λεκτικές ασκήσεις, όπως το να σβήσει ο πελάτης μας ένα κερί ή ένα σπίρτο ελέγχοντας αν διαφεύγει αέρας από τη μύτη ή αν κουνιούνται τα ρουθούνια. Άλλος τρόπος είναι η πρόκληση του αντανακλαστικού της εξεμέσεως (αγγίζοντας με ένα λεπτό εργαλείο τη γλώσσα ξεκινώντας από το μπροστινό τμήμα και καταλήγοντας στο πίσω τμήμα με συνέπεια να προκαλέσουμε στο άτομο την τάση για εμετό), το οποίο, επειδή δεν αποτελεί ευχάριστη εμπειρία για τον πελάτη, το αφήνουμε τελευταίο και μόνο αν κριθεί απαραίτητο.

- λεκτικές ασκήσεις, τις οποίες χρησιμοποιούμε και για αποκατάσταση της λειτουργίας αυτής, είναι η παραγωγή ενός παρατεταμένου /a/, έπειτα παραγωγή σύντομων επαναλαμβανομένων /a/, διαδοχοκινητικές ψευ-δολέξεις /pataka/ και προτάσεις με ένρινους και μη ένρινους ήχους, τοποθετώντας κάθε φορά ένα καθρεφτάκι στα ρουθούνια του ατόμου, ώστε να ελέγξουμε πιθανή διαφυγή αέρα από τη μύτη.

Συνοψίζοντας, λοιπόν, είδαμε ως τώρα ποιοι είναι οι αρθρωτές, πώς ελέγ-χονται και πώς αποκαθίσταται τυχόν βλάβη, που μπορεί να επηρεάσει αρνη-τικά την παραγωγή ομιλίας, με συνέπεια το άτομο να μη γίνεται καταληπτό είτε να γίνεται με δυσκολία καταληπτό από το περιβάλλον του. Γενικότερα όμως φροντίζουμε να παρατηρούμε σε όλες τις αξιολογήσεις και τις θεραπείες ολόκληρο τον άνθρωπο και λαμβάνουμε σοβαρά υπόψη μας κάθε παράγοντα που επηρεάζει το κινητικό κομμάτι της άρθρωσης.

2. Διαταραχές άρθρωσης και φωνολογίας

Αφού έχουμε ελέγξει τις στοματοπροσωπικές δομές, σειρά έχει η *άρθρωση*, τομέας που παρουσιάζει πολύ συχνά διαταραχή ιδιαίτερα σε μικρές ηλικίες. Θα πρέπει να διευκρινίσουμε ότι η φυσιολογική άρθρωση εμπεριέχει μια σειρά σύνθετων κινήσεων και βασίζεται στο συγχρονισμό των αρθρωτών, τη σωστή τοποθέτησή τους, τη δύναμή τους και την ακρίβεια των κινήσεων. Κατά την ανάπτυξη του παιδιού και την εξέλιξη της ομιλίας του, είναι πολύ πιθανό να παρουσιαστεί κάποια καθυστέρηση στη κατάκτηση των ήχων και η ομιλία να γίνει δυσκατάληπτη, χωρίς να υπάρχει οργανική βλάβη που να αιτιολογεί τη διαταραχή αυτή. Έτσι λοιπόν το παιδί παρουσιάζει ανοργάνωτο φωνολογικό σύστημα ή λανθασμένη χρήση ορισμένων ήχων στην άρθρωση βάσει της χρο-νολογικής του ηλικίας.

Οι διαταραχές που προκύπτουν από αυτό είναι η *διαταραχή άρθρωσης* και η *φωνολογική διαταραχή*.

45

Διαταραχή άρθρωσης έχουμε όταν το άτομο διαλέγει μεν το σωστό ήχο-φώνημα, αλλά το προφέρει λάθος λόγω της μη σωστής τοποθέτησης των αρθρωτών του.

Στη *φωνολογική διαταραχή* το άτομο διαλέγει για να τοποθετήσει μέσα στην ομιλία του το λάθος φώνημα, χρησιμοποιώντας ορισμένες διαδικασίες απλοποίησης.

Ο ορισμός σύμφωνα με το **DSM-IV-TR** για τις συγκεκριμένες διαταραχές είναι ο εξής:

«315.39 Φωνολογική διαταραχή (πρώην Αναπτυξιακή διαταραχή της άρθρωσης)

Α. Αποτυχία στη χρήση αναπτυξιακά αναμενόμενων ήχων της ομιλίας, οι οποίοι είναι ανάλογοι της ηλικίας και της διαλέκτου (π.χ λάθη στην παραγω-γή, τη χρήση, την έκφραση ή την οργάνωση του ήχου, όπως, αλλά χωρίς να περιορίζεται σε, υποκαταστάσεις ενός ήχου με άλλο ή παραλείψεις ήχων, όπως των τελικών συμφώνων).

Β. Οι δυσκολίες στη παραγωγή του ήχου της ομιλίας παρεμποδίζουν τη σχολική ή επαγγελματική απόδοση, ή την κοινωνική επικοινωνία.

Γ. Αν υπάρχουν νοητική καθυστέρηση, κινητικό ελάττωμα του λόγου ή αισθητηριακό ελάττωμα ή περιβαλλοντική αποστέρηση, οι δυσκολίες της ομι-λίας είναι μεγαλύτερες από αυτές που συνήθως συνοδεύουν τα προβλήματα».

Τα αίτια για μια διαταραχή άρθρωσης ή φωνολογική διαταραχή μπορεί να είναι:

- νευρολογικά
- οργανικά (δυσλειτουργία σε κάποιον αρθρωτή, προβλήματα ακοής)
- νοητική υστέρηση
- παραμέληση/υστέρηση (φτωχό σε γλωσσικά ερεθίσματα οικογενειακό περιβάλλον, λανθασμένα γλωσσικά πρότυπα)
- αυτισμός
- μπορεί να μην υπάρχει φανερή αιτία

Είναι σημαντικό να θυμόμαστε ότι τα παιδιά δεν έχουν όλα τον ίδιο ρυθμό ανάπτυξης σε ό,τι αφορά τη γλώσσα. Οπότε θα πρέπει να είμαστε προσεκτικοί στον τρόπο με τον οποίο εκφράζεται ένα παιδί, ώστε να μπορέσουμε να αντιλη-φθούμε κάθε απόκλιση από τη φυσιολογική ομιλία. Ας δούμε τα είδη στα οποία διακρίνονται οι διαταραχές άρθρωσης και φωνολογίας:

α) Δομικές απλοποιήσεις:
- απαλοιφή μη τονισμένης συλλαβής (π.χ. /loni/ αντί /baloni/)
- απλοποίηση σε μονοσύλλαβες λέξεις (π.χ. /ba/ αντί /banana/)

- αναδιπλασιασμός μερικός ή ολικός (π.χ. /laloni/ αντί /baloni/ και /titi/ αντί /kuti/)
- απλοποίηση συμπλεγμάτων (π.χ. /kupa/ αντί /skupa/)
- απαλοιφή συμπλεγμάτων (π.χ. /iti/ αντί /spiti/)
- απαλοιφή τελικού συμφώνου (π.χ. /layo/ αντί /layos/)
- απαλοιφή ενός συμφώνου (π.χ. /ayo/ αντί /avyo/)
- αρμονίες στον τόπο, στον τρόπο και στην ηχηρότητα (π.χ. /tota/ αντί /kota/)

β) Συστημικές απλοποιήσεις (αλλαγή στον τόπο και στον τρόπο άρθρωσης)
- εμπροσθοποίηση (π.χ. /tima/ αντί /kima/, /sati/ αντί /saki/)
- οπισθοποίηση (π.χ. /maki/ αντί /mati/, /gomata/ αντί /domata/)
- φατνιακή πραγμάτωση οδοντικών (π.χ. /selo/ αντί /θelo/)
- χειλική πραγμάτωση οδοντικών (π.χ. /five/ αντί /fiδi/)
- στιγμικοποίηση (π.χ. /telo/ αντί /θelo/, /koma/ αντί /χoma/, /daci/ αντί /dzaci/)
- ηχηροποίηση και αηχοποίηση (π.χ. /garavi/ αντί /karavi/, /soni/ αντί /zoni/)
- απλοποιήσεις στην εκφορά των διπλών συμφώνων και των προστρι-βομένων (π.χ. /tsilo/ αντί /ksilo/, /tsomi/ αντί /psomi/, /sada/ αντί /tsada/)
- άλλες μη συνήθεις απλοποιήσεις όπως μετάθεση, επένθεση και αποδημία (π.χ. /efeladas/ αντί /elefadas/, /bale/ αντί /ble/, /tofru/ αντί /fruto/)

Αφού, λοιπόν, είδαμε τα είδη των λαθών που πραγματοποιούν τα παιδιά κατά τη διαδικασία της άρθρωσης, το επόμενο βήμα είναι να εξετάσουμε πώς εμείς ως γονείς μπορούμε να αναγνωρίσουμε το πρόβλημα στην ομιλία του παιδιού, λίγο πριν ζητήσουμε τη βοήθεια του ειδικού. Καθώς μιλάει το παιδί, προσέχουμε αν:
- καταλαβαίνουμε τι λέει
- αν οι άλλοι καταλαβαίνουν
- αν το ίδιο κατανοεί τι λέει και τι του λέμε
- αν λέει λέξεις
- αν βάζει λέξεις μαζί
- αν οι γλωσσικές του ικανότητες αποκλίνουν αισθητά από εκείνες των συνομηλίκων του

Στα παιδιά δίνουμε ένα χρονικό περιθώριο μέχρι τα 6 χρόνια για να ανα-πτύξουν την ομιλία τους και να τελειοποιήσουν τους ήχους. Όμως ήδη από τα 4 χρόνια αρχίζουμε να παρακολουθούμε πιο εντατικά την άρθρωση και το λόγο του παιδιού, ώστε να παρατηρήσουμε τυχόν αποκλίσεις και λάθη που θα μας δημιουργήσουν υπόνοιες για διαταραχές άρθρωσης ή καθυστέρηση στο λόγο του. Έχει διαπιστωθεί ότι όσο πιο αδέξια στην κίνηση είναι τα παιδιά, τόσο πιο εύκολα εκδηλώνεται διαταραχή άρθρωσης, και επιπλέον το κινητικό σύστημα των αγοριών ωριμάζει αργότερα από ό,τι των κοριτσιών. Άλλωστε έχουμε τονίσει ότι τα αγόρια εμφανίζουν συχνότερα διαταραχές λόγου και ομιλίας.

Πρέπει να θυμόμαστε πάντα ότι τα παιδιά έχουν το δικό τους ρυθμό ανάπτυξης τόσο γλωσσικά όσο και σωματικά, κινητικά. Θα πρέπει λοιπόν η διαδικασία ανάπτυξης λόγου και ομιλίας να τους είναι ευχάριστη, να έχουν το δικαίωμα του λάθους, να μπορούν να διστάζουν, να επαναλαμβάνουν χωρίς να τα διακόπτουμε. Η δική μας υποχρέωση είναι να τους δίνουμε τα κατάλληλα ερεθίσματα, να ακούν την κατάλληλη ομιλία και να είμαστε έτοιμοι να τα ακούσουμε με προσοχή.

Σε περιπτώσεις που είναι αναγκαία η λογοθεραπευτική παρέμβαση, αναζητάμε τον κατάλληλο ειδικό, ο οποίος σε διαταραχές άρθρωσης θα αξιολογήσει το παιδί μέσα από ένα αρθρωτικό ή φωνολογικό τεστ, θα πάρει δείγμα ομιλίας του παιδιού μέσα από τον αυθόρμητο λόγο και θα σημειώσει οποιοδήποτε χαρακτηριστικό ομιλίας και συμπεριφοράς δε συνάδει με το προβλεπόμενο για την ηλικία τού παιδιού. Μιλάμε κυρίως για παιδιά, γιατί οι συγκεκριμένες διαταραχές είναι πιο σύνηθες να εμφανιστούν στην παιδική ηλικία. Όμως και σε περιπτώσεις ενηλίκων ακολουθούμε σχεδόν την ίδια διαδικασία αξιολόγησης και θεραπείας.

Αφού γίνει καταγραφή των λαθών στην ομιλία του παιδιού αρχίζει η θεραπεία. Σε αυτό το σημείο θα αναφερθούμε στο σωστό τόπο και τρόπο άρθρωσης του κάθε ήχου, στον οποίο εκπαιδεύουμε τα παιδιά όταν διαπιστώσουμε αποκλίσεις.

Παραγωγή φωνημάτων

• φωνήεντα: /α/ ζητάμε από το παιδί να ανοίξει το στόμα και τα χείλη αρκετά, ώστε ο αέρας να βγαίνει από το στόμα χωρίς εμπόδιο. Για το φωνήεν /ε/ τα χείλη πρέπει να είναι ανοιχτά προς τα πλάγια και η άκρη της γλώσσας να ακουμπά στη βάση των κάτω δοντιών. Για το /ι/ τα χείλη και τα δόντια θα πρέπει να είναι ελαφριά ανοιχτά και η άκρη της γλώσσας να ακουμπάει στη βάση των κάτω δοντιών. Για το /ο/ τα χείλη στρογγυλεύουν και η γλώσσα ακουμπά ελαφρά μέσα και κάτω στο στόμα. Για το /ου/ τα χείλη στρογγυλεύουν και η γλώσσα αιωρείται μέσα στο στόμα.

- φώνημα /β/: το παιδί τοποθετεί τα πάνω δόντια στο κάτω χείλος και φυσάει δυνατά με φωνή /βββββ/, όπως η μηχανή του αεροπλάνου. Το φώνημα αυτό θα πρέπει να έχει σταθεροποιηθεί μέχρι την ηλικία των 5, έτσι ώστε να έχουν να αναπτυχθεί τα πάνω δόντια.

- φώνημα /γ/ όπως /γάτα/: ζητάμε από το παιδί να καθαρίσει το λαιμό του με τράβηγμα της γλώσσας προς τα πίσω και η ράχη της να ακουμπά στον ουρανίσκο καθώς βγάζει φωνή. Ηλικία σταθεροποίησης είναι τα 3 έτη.

- φώνημα /γ/ όπως /γιαγιά/: Εδώ το παιδί θα πρέπει να αφήσει τη γλώσσα να καθίσει μέσα στο στόμα, καθώς θα κουνάει τα πλαϊνά της ανοίγοντας λίγο το στόμα και βγάζοντας φωνή. Ηλικία σταθεροποίησης τα 3,5 με 4 έτη.

- φώνημα /δ/: λέμε στο παιδί να βγάλει τη μύτη της γλώσσας έξω και να τη δαγκώσει ελαφριά, καθώς θα φυσάει δυνατά με φωνή /δδδδδ/. Ηλικία κατάκτησης μέχρι 6 χρονών, για να αναπτυχθούν τα μπροστινά δόντια.

- φώνημα /ζ/: εδώ το παιδί πρέπει να κλείσει τα δόντια του, να ανοίξει τα χείλη του σα χαμόγελο και να φυσήξει δυνατά με φωνή όπως κάνει η μέλισσα /ζζζζζ/ (ηλικία μέχρι 5 χρονών).

- φώνημα /θ/: τοποθετεί τα δόντια σε ίδια θέση όπως για το /δ/, τα χείλη σε θέση χαμόγελου και φυσάει απαλά χωρίς φωνή (ηλικία μέχρι το 6ο έτος).

- φώνημα /κ/: λέμε στο παιδί να ανεβάσει το πίσω μέρος της γλώσσας στον ουρανίσκο και να βήξει απαλά χωρίς φωνή βγάζοντας τον ήχο /κκκκκ/ (ηλικία κατάκτησης μέχρι 4 χρονών).

- φώνημα /λ/: δίνουμε την οδηγία στο παιδί να ανεβάσει τη γλώσσα και να την τοποθετήσει πίσω από τα πάνω δόντια, καθώς θα την λυγίζει ελαφριά προς τα έξω, έτσι ώστε να φαίνεται το κάτω μέρος της γλώσσας, και να τραγουδήσει /λαλαλα/ ή να μιμηθεί τον ήχο που κάνουν τα άλογα όταν περπατάνε (ηλικία κατάκτησης τα 6 χρόνια το μέγιστο).

- φώνημα /μ/: εδώ το παιδί πρέπει να ενώσει τα χείλη του και με φωνή να κάνει τον ήχο /μμμμμ/, ενώ ο αέρας και ο ήχος θα πρέπει να βγαίνουν από τη μύτη (ηλικία κατάκτησης τα 3 χρόνια).

- φώνημα /ν/: ενθαρρύνουμε το παιδί να σηκώσει τη γλώσσα και να την τοποθετήσει πάνω και πίσω από τα μπροστινά δόντια, καθώς θα βγάζει τον ήχο /νννννν/ και ο αέρας πάλι θα βγαίνει από τη μύτη (ηλικία κατάκτησης τα 3 με 4 χρόνια).

- Φώνημα /ξ/: δίνουμε την οδηγία στο παιδί να αρθρώσει πρώτα το /κ/ (πίσω στο λαιμό) και αμέσως μετά το /σ/ (μπροστά στα δόντια), ώστε να ακουστεί ο συνεχόμενος ήχος του /κς/ δηλαδή /ξ/ (ηλικία κατάκτησης τα 6 με 7 χρόνια).

- φώνημα /π/: λέμε στο παιδί να ενώσει τα χείλη του με λίγη πίεση και καθώς βγάζει τον αέρα να τα αφήσει να ανοίξουν παράγοντας χωρίς φωνή το /πππππ/ (ηλικία κατάκτησης τα 3 ως 4 χρόνια).

- φώνημα /μπ/: ίδια τοποθέτηση με το /π/ απλά εδώ βγάζει το παιδί φωνή (ηλικία κατάκτησης τα 3 με 4 έτη).

- φώνημα /ρ/: εδώ η γλώσσα πρέπει να τοποθετηθεί πάνω στον ουρανίσκο και να αρχίσει να πάλλεται σχετικά γρήγορα έτσι ώστε βγάζοντας τον αέρα από το στόμα να παραχθεί το /ρρρρρ/ (ηλικία κατάκτησης μέχρι τα 7 με 7,5 έτη).

- φώνημα /σ/: το παιδί καλείται να κλείσει τα δόντια του, να χα-μογελάσει, να τοποθετήσει την άκρη της γλώσσας πίσω από τα μπροστινά δόντια και να φυσήξει χωρίς φωνή, όπως ο ήχος που κάνει το φίδι /σσσσσ/ (ηλικία κατάκτησης 4,5 με 5 χρονών).

- φώνημα /τ/: το παιδί πρέπει να δαγκώσει τη άκρη της γλώσσας ελαφριά και να την τραβήξει προς τα μέσα απότομα, καθώς θα βγαίνει η φωνή με μικρή έκρηξη /ττττ/ (ηλικία κατάκτησης έως 4,5 με 6 χρονών).

- φώνημα /ντ/: εδώ τοποθετούμε τη γλώσσα όπως για το φώνημα /τ/, αλλά ο αέρας θα πρέπει να βγει από τη μύτη.

- φώνημα /φ/: ενθαρρύνουμε το παιδί να ακουμπήσει τα πάνω δόντια στο κάτω χείλος και να φυσήξει χωρίς φωνή όπως σβήνουμε ένα κερί /φφφφφ/ (ηλικία κατάκτησης τα 3 χρόνια).

- φώνημα /χ/: το παιδί πρέπει να τραβήξει τη γλώσσα προς τα πίσω και να ακουμπήσει το κέντρο της στον ουρανίσκο, καθώς θα προσπαθεί να καθαρίσει το λαιμό του βγάζοντας αέρα από το στόμα χωρίς φωνή /χχχχχ/ (ηλικία κατάκτησης τα 3 χρόνια).

- φώνημα /ψ/: λέμε στο παιδί να αρθρώσει πρώτα το /π/ με χείλια κλειστά και αμέσως μετά να αρθρώσει το /σ/ με δόντια κλειστά, όπως ο ήχος που βγάζουμε για να καλέσουμε μια γάτα να έρθει /ψψψψψ/ (ηλικία κατάκτησης τα 6 χρόνια).

Αφού λοιπόν έχουμε διδάξει ακριβώς τον τόπο και τρόπο άρθρωσης του κάθε ήχου που παρουσιάζει διαταραχή, το επόμενο βήμα είναι αυτός ο ήχος να μπει σε λέξεις μέσα σε προτάσεις, με τελικό σκοπό την αυθόρμητη ομιλία. Ας δούμε για παράδειγμα τον ήχο /σ/:

- /σ/ μεμονωμένα: προσπαθούμε να επιτύχουμε την άρθρωση του ήχου μεμονωμένα χωρίς να το συνδυάσουμε με άλλο ήχο

- /σ/ μαζί με τα φωνήεντα: αφού κατορθώσει το παιδί την παραγωγή του

ήχου μεμονωμένα, προχωράμε στο συνδυασμό του με τα φωνήεντα /
σα/, /σε/, /σι/, /σο/, /σου/. Έπειτα σε ανοιχτού τύπου συλλαβές όπως /
ασα/, σε κλειστού τύπου συλλαβές όπως /σασ/ και σε συλλαβές τύπου
φωνήεν- σύμφωνο όπως /ασ/

- /σ/ σε δισύλλαβες λέξεις σε αρχική θέση με τη χρήση εικόνων όπως
σάκα, σύκο. σειρά.
- /σ/ σε τρισύλλαβες λέξεις σε αρχική θέση με τη χρήση εικόνων όπως:
σακούλα, σαλόνι, σηκώνει
- /σ/ σε πολυσύλλαβες λέξεις σε αρχική θέση με τη χρήση εικόνων όπως:
σαπουνίζω, σαλιγκάρι, συνεργείο.
- /σ/ σε δισύλλαβες, τρισύλλαβες και πολυσύλλαβες λέξεις σε μεσαία θέση
με τη χρήση εικόνων όπως: μέσα, πίσω, βρύση, μέλισσα, μουσική, θά-
λασσα, πουκάμισο, νοσοκόμα, κασετίνα
- /σ/ σε λέξεις στην τελική θέση όπως: φως, ήλιος, καλός, κυνηγός, πίνα-
κας, ιπποπόταμος, οδοντίατρος
- /σ/ σε συμπλέγματα μέσα σε λέξεις όπως: /σπ/, /στ/, /σκ/, /σφ/, /σχ/
- Αφού ολοκληρώσουμε την παραγωγή του ήχου στις λέξεις, προχωράμε
στις προτάσεις που εμπεριέχουν λέξεις με /σ/ σε διάφορες θέσεις. Εδώ
ζητάμε επανάληψη των προτάσεων. Ακόμη ο λόγος δεν είναι αυθόρ-
μητος.
- το τελευταίο στάδιο θεραπείας ενός ήχου είναι η αυθόρμητη παραγωγή
του στην ομιλία. Αυτό το πετυχαίνουμε δείχνοντας στο παιδί εικόνες με
δραστηριότητες περιμένοντας να τις περιγράψει αρθρώνοντας τον ήχο-
στόχο σωστά

Σε αυτό το κομμάτι θεραπείας ασχοληθήκαμε με τη διαταραχή άρθρωσης
και τη φωνολογική διαταραχή, οι οποίες ναι μεν διαφέρουν ως προς τον ορι-
σμό τους, αλλά χρησιμοποιούνται σχεδόν οι ίδιες θεραπευτικές διαδικασίες
για την εξάλειψή τους. Οι διαταραχές άρθρωσης παρουσιάζονται εξαιτίας μιας
δυσλειτουργίας στο μηχανισμό παραγωγής ομιλίας, ενώ οι φωνολογικές δι-
αταραχές προκαλούνται από λάθος νοητική οργάνωση των φωνημάτων. Για
παράδειγμα μπορεί ένα παιδί να αρθρώνει τέλεια όλους τους ήχους, αλλά
όταν αυτοί οι ήχοι τοποθετηθούν μέσα στις λέξεις, αδυνατεί να τους προφέρει
σωστά. Στόχος μας είναι να εντοπίσουμε ακριβώς το λάθος και να παρέμ-
βουμε έγκαιρα. Η επιδείνωση των διαταραχών αυτών μπορεί να αποφευχθεί
σε περιπτώσεις που διαγνωσθεί έγκαιρα και καταπολεμηθεί αποτελεσματικά,
προλαβαίνοντας τις δυσμενείς συνέπειες στην προσωπική και κοινωνική ζωή
του ατόμου.

Υπάρχουν πολλές θεραπευτικές προσεγγίσεις για τις διαταραχές άρθρωσης και φωνολογίας, αλλά σε γενικές γραμμές βασίζονται στα παραπάνω βήματα και ακολουθούν τους εξής στόχους:

- αρχικά ο ασθενής μας πρέπει να συνειδητοποιήσει τα λάθη του ακουστικά και να αναγνωρίσει τις διαφορές από τη σωστή εκφορά, οπότε οι περισσότεροι ειδικοί ξεκινάμε με την ακουστική διάκριση των ήχων
- ο καταλληλότερος τρόπος θεραπείας είναι να εστιάζουμε την προσοχή μας σε έναν ήχο τη φορά ή σε δύο αλλά με παραπλήσιο τρόπο άρθρωσης
- να επιλέγουμε να διορθώσουμε φωνήματα, τα οποία μπορεί να παράγονται σωστά σε ορισμένα πλαίσια και λανθασμένα σε κάποιο άλλα
- τέλος, καλό είναι να ξεκινάμε από φωνήματα που είναι ορατά στον ασθενή (όπως το /π/, /μ/ που παράγονται μπροστά στο στόμα), έτσι ώστε να μπορεί να μιμηθεί τον τρόπο παραγωγής τους, και στη συνέχεια να προχωράμε προς το εσωτερικό του στόματος

Γενικότερα χρειάζεται πολλές φορές ο κλινικός να βασίζεται στην κρίση του, ώστε να επιλέγει το κατάλληλο πλάνο για κάθε ασθενή, διότι η θεραπεία θα πρέπει να στοχεύει στον άνθρωπο ως σύνολο, λαμβάνοντας υπόψη όλες τις δυνατότητές του, ακουστικές, οπτικές, κινητικές, απτικές και συναισθηματικές.

3. Κινητικές Διαταραχές ομιλίας

Απραξία ομιλίας/στόματος (εξελικτική, επίκτητη)
Δυσαρθρία

Οι κινητικές διαταραχές ομιλίας είναι μια ομάδα διαταραχών που επηρεάζουν την παραγωγή ομιλίας και προκαλούνται από δυσλειτουργία στο κινητικό σύστημα. Συναντάμε 1 τύπο απραξίας και 7 τύπους δυσαρθρίας. Ο όρος *κινητικές* αναφέρεται σε εκείνο το κομμάτι του νευρικού συστήματος, το οποίο ελέγχει τις εκούσιες κινήσεις. Ο όρος *διαταραχές* αναφέρεται στις ανωμαλίες που παρουσιάζονται στη λειτουργία, και τέλος με τον όρο *ομιλία* εννοούμε τα φωνητικά σύμβολα που δημιουργούν την επικοινωνία.

α) Απραξία στόματος/ομιλίας (επίκτητη, εξελικτική)

Η απραξία είναι μια διαταραχή στην ικανότητα του ατόμου να παράγει εκούσια κινήσεις, οι οποίες απαιτούν προγραμματισμό και συγκεκριμένη τοποθέτηση των μυών, προκειμένου να εκτελεσθεί μια πράξη με κατάλληλο συγχρονισμό και συντονισμό. Υπάρχουν αρκετά είδη απραξίας, όπου οι μύες δεν εκτελούν σωστά τις εντολές που δίνονται, επειδή έχουν χαθεί οι πληροφορίες για το πώς πραγματοποιούνται εξειδικευμένες κινήσεις, όπως:

- ιδεοκινητική απραξία
- ιδεϊκή απραξία
- κατασκευαστική απραξία
- απραξία βαδίσεως
- απραξία ένδυσης
- απραξία στόματος/ ομιλίας κ.ά.

Σε αυτό το κομμάτι εμείς θα ασχοληθούμε μόνο με την απραξία στόματος/ ομιλίας, εξελικτική και επίκτητη.

Η **στοματική απραξία** αναφέρεται στη δυσκολία του ατόμου να παράγει κινήσεις του στοματικού μηχανισμού μετά από εντολή και χωρίς την παραγωγή ομιλίας. Το είδος αυτό της απραξίας επηρεάζει το πρώτο στάδιο της κατάποσης (μάσηση) με συνέπεια να οδηγήσει σε δυσφαγία, χωρίς όμως να αλληλοεξαρτώνται, και μπορεί να συνυπάρχει και απραξία ομιλίας.

Η **επίκτητη απραξία ομιλίας** είναι μια διαταραχή στην ικανότητα του ατόμου να παράγει όπως είπαμε εκούσιες κινήσεις των οργάνων ομιλίας, δηλαδή της γλώσσας, των χειλιών, της γνάθου κ. ά., συνήθως μετά από εγκεφαλική βλάβη και ιδιαίτερα μετά από βλάβη δεξιού ημισφαιρίου, χωρίς όμως να επηρεαστεί η λειτουργία των μυών. Η απραξία είναι πρόβλημα ρύθμισης, οργάνωσης και επιλογής των κατάλληλων κινήσεων μετά από εντολή. Οι μύες δεν εκτελούν σωστά τις εντολές που τους δίνονται, ενώ τα καταφέρνουν στις αυθόρμητες κινήσεις. Για να εξωτερικεύσουμε την ομιλία, πρέπει προηγουμένως να αναπτύξουμε ένα κινητικό πρόγραμμα που θα καθορίζει τη σειρά με την οποία θα συσπώνται οι μύες, με σκοπό να παράγουμε ήχους και λέξεις. Όταν λοιπόν παρουσιαστεί διαταραχή σε αυτό το επίπεδο τότε μιλάμε για απραξία ομιλίας. Για παράδειγμα τα περισσότερα άτομα με προφορική απραξία μπορούν να μετρήσουν από το 1 ως το 20, γιατί είναι μια καλά αυτοματοποιημένη λεκτική δραστηριότητα, αδυνατούν όμως να μετρήσουν αντίστροφα από 20 ως το 1 γιατί αυτή η δραστηριότητα απαιτεί διαφορετικό προγραμματισμό κινήσεων, που δεν είναι αυτοματοποιημένος.

Χαρακτηριστικά στην ομιλία ατόμων με απραξία ομιλίας:
- οι αρθρωτές παρουσιάζουν έντονες κινήσεις για να βρουν το σωστό τόπο και τρόπο άρθρωσης, ενώ παρατηρείται αυτοδιόρθωση, διότι οι ασθενείς γνωρίζουν τι θέλουν να πουν
- κατά τη διάρκεια της ομιλίας παρουσιάζεται δυσπροσωδία, ο ρυθμός είναι πιο αργός, ο τονισμός είναι λανθασμένος και εμφανίζονται διαστήματα χωρίς φώνηση
- χαρακτηριστικό επίσης είναι ότι τα άτομα αυτά δεν παρουσιάζουν συνέ-

πεια στα λάθη, τα λάθη στην ομιλία είναι μη σταθερά, πράγμα που σημαίνει ότι όσες φορές κι αν τους ζητηθεί να επαναλάβουν μια λέξη τόσες διαφορετικές εκδοχές λαθών θα παρουσιαστούν
- η δυσκολία εντοπίζεται στην εκκίνηση των φράσεων
- δεν υπάρχει βλάβη στην ακουστική κατανόηση
- δεν υπάρχουν προβλήματα στη εύρεση των κατάλληλων λέξεων
- δεν υπάρχει αξιοσημείωτη παράλειψη των λειτουργικών λέξεων

Χαρακτηριστικά άρθρωσης των ατόμων με απραξία ομιλίας:
- αντικαταστάσεις και αλλοιώσεις φωνημάτων
- επαναλήψεις και αντιμεταθέσεις φωνημάτων
- κοπιώδης ομιλία
- η ομιλία επιδεινώνεται με την παραγωγή μακρύτερων φράσεων
- υπάρχει δυσκολία στη διάκριση τα ηχηρών και μη ηχηρών φωνημάτων
- μεγαλύτερη δυσκολία αντιμετωπίζουν τα άτομα με τα τριβόμενα (s, z, ps, ks), τα προστριβόμενα (ts, dz) καθώς και με τα συμπλέγματα
- παρατηρείται συχνά και δυσκολία στην εκτέλεση των λεπτών κινήσεων

Βαθμός σοβαρότητας:

Σοβαρή απραξία: όταν δεν υπάρχει καθόλου ομιλία, έχουμε μόνο στερεοτυπικές εκφράσεις με ή χωρίς νόημα. Σε πολλές περιπτώσεις οι ασθενείς αδυνατούν να παράγουν φωνή παρόλο που οι φωνητικές τους χορδές λειτουργούν φυσιολογικά. Στη σοβαρή απραξία είναι εμφανείς οι έντονες κινήσεις αναζήτησης των αρθρωτών για τη σωστή τους τοποθέτηση. Η μίμηση εδώ ακόμη και των πιο απλών λέξεων είναι πολύ δύσκολη και οι ασθενείς χρησιμοποιούν χειρονομίες για να επικοινωνήσουν αυτό που θέλουν

Μέτρια απραξία: τα προβλήματα εστιάζονται στην άρθρωση και στην προσωδία, έχουμε και εδώ κινήσεις αναζήτησης των αρθρωτών για σωστή τοποθέτηση, αλλά σε γενικές γραμμές τα λάθη προσεγγίζουν το φυσιολογικό

Ήπια απραξία: το άτομο εδώ εμφανίζει ελαφριάς μορφής διαταραχές στην άρθρωση, μη σταθερά λάθη και αργό ρυθμό ομιλίας για προσπάθεια αυτοδιόρθωσης

Πριν προχωρήσουμε στην αξιολόγηση και θεραπεία της απραξίας, ας συνοψίσουμε τα στοιχεία που συνθέτουν την απραξία και εκείνα που τη διαχωρίζουν από άλλες διαταραχές:

Η απραξία είναι:
- εξελικτική ή επίκτητη
- νευρογενής
- διαταραχή ομιλίας

- επηρεάζει την άρθρωση και την προσωδία

Η απραξία δεν είναι:

- διαταραχή λόγου
- διαταραχή νοημοσύνης
- διαταραχή αισθητηριακή
- ανατομική ανωμαλία
- μυϊκή αδυναμία

Η **εξελικτική απραξία ομιλίας** συναντάται στην παιδική ηλικία και χαρακτηρίζεται από αδυναμία στην εκτέλεση αρθρωτικών κινήσεων εκούσια, χωρίς να υπάρχει εγκεφαλική βλάβη, πάρεση, μυϊκή αδυναμία, άλλο γλωσσικό πρόβλημα ή νοητική υστέρηση. Η δυσκολία εντοπίζεται στον κινητικό προγραμματισμό, δηλαδή στη μετάδοση του μηνύματος από τον εγκέφαλο στους μύες. Οι λειτουργίες της μάσησης και της κατάποσης εκτελούνται φυσιολογικά.

Στη διάγνωση της απραξίας της ομιλίας στα παιδιά βοηθούν, εκτός από τα χαρακτηριστικά ομιλίας που είδαμε και στην επίκτητη απραξία, τα παρακάτω στοιχεία:

- περιορισμένο ρεπερτόριο φωνηέντων και συμφώνων
- χρήση απλοποιημένων συλλαβών
- δυσκολία στο συνδυασμό των ήχων
- δυσκολία στο να οργανώσει σωστά τις κινήσεις των αρθρωτών για να παράγει ένα φώνημα μέσα σε λέξη
- πιθανώς να συνυπάρχει καθυστέρηση στην ανάπτυξη των κινητικών ικανοτήτων

β) Δυσαρθρία

Η δυσαρθρία είναι η δεύτερη νευρογενής κινητική διαταραχή της ομιλίας και οφείλεται σε βλάβη των εγκεφαλικών κέντρων, των νευρώνων και των πυρήνων τους. Ασθένειες για παράδειγμα όπως η νόσος του Parkinson, η σκλήρυνση κατά πλάκας, η εγκεφαλική πάρεση και το εγκεφαλικό επεισόδιο μπορεί να προκαλέσουν βλάβη του μυϊκού ελέγχου και της κινητικής εκτέλεσης του μηχανισμού της ομιλίας.

Ο τύπος του νευρολογικού προβλήματος καθορίζει το βαθμό και τον τύπο δυσκολίας στην εκτέλεση των κινήσεων. Στη δυσαρθρία επηρεάζονται τα πέντε υποσυστήματα της ομιλίας, η άρθρωση, η φώνηση, η αντήχηση, η προσωδία και η αναπνοή. Τα κινητικά λάθη εδώ είναι σταθερά και προβλεπόμενα. Ανάλογα με τον τύπο της δυσαρθρίας οι ασθενείς είναι δυνατόν να εμφανισουν αναπνευστική ανεπάρκεια, μικρό εύρος φράσεων, χαμηλό τόνο φωνής, μειωμένη ταχύτητα και δύναμη, διαταραχές στη ρινικότητα, στη φώνηση και στην ένταση, ακατάλληλες παύσεις, μη συγχρονισμένη μυϊκή κίνηση, επιπρόσθετα λάθη στην άρθρωση όπως ανακρίβεια στην παραγωγή συμφώνων, αλλοιώσεις φωνηέντων, αντικαταστάσεις, επαναλήψεις, απαλοιφές και μηχανισμούς αυτοδιόρθωσης.

Ας δούμε τους τύπους της δυσαρθρίας εν συντομία και μετέπειτα θα εξετάσουμε τη θεραπεία αυτών των διαταραχών:

Χαλαρή δυσαρθρία: η αιτία είναι η βλάβη στο ΠΝΣ και πιο συγκεκριμένα στους κάτω κινητικούς νευρώνες που νευρώνουν τους μύες της ομιλίας και της αναπνοής. Βλάβη μπορεί να προκληθεί από τραύμα στο κεφάλι και στο λαιμό, εγκεφαλικό στο στέλεχος, μυασθένεια Gravis, όγκο κ.ά. Γενικά τα χαρακτηριστικά στην ομιλία είναι η ανακρίβεια στην παραγωγή των συμφώνων, η βραχνή φωνή, μία ένταση και ένα ύψος και υπερρινικότητα.

Σπαστική δυσαρθρία: αιτία εδώ είναι η βλάβη των άνω κινητικών νευρώνων αμφίπλευρα, που οφείλεται σε εγκεφαλικό επεισόδιο, λοιμώξεις, τραύμα, συγγενείς ανωμαλίες, σκλήρυνση κατά πλάκας κ.ά. Τα λάθη στην ομιλία σε γενικές γραμμές είναι η ανακρίβεια στην παραγωγή συμφώνων, αλλοίωση φωνηέντων, αργές κινήσεις, τραχιά φωνή με διακοπές και υπερρινικότητα.

Δυσαρθρία λόγω μονόπλευρης βλάβης των άνω κινητικών νευρώνων: Οι αιτίες γι αυτή τη διαταραχή είναι το αγγειακό εγκεφαλικό επεισόδιο, οι όγκοι, το τραύμα στον εγκέφαλο. Τα λάθη στην ομιλία εντοπίζονται στην άρθρωση με αδυναμία στη γλώσσα και στα χείλη της αντίθετης πλευράς από τη βλάβη, ανακρίβεια στην παραγωγή συμφώνων, τραχιά ποιότητα στη φωνή και μειωμένη ταχύτητα.

Αταξική δυσαρθρία: Αιτίες στην αταξική δυσαρθρία είναι οι εκφυλιστικές παθήσεις της παρεγκεφαλίδας, τα εγκεφαλικά επεισόδια, οι συγγενείς ανωμαλίες και οι όγκοι. Τα χαρακτηριστικά στην ομιλία είναι η ανακρίβεια στην παραγωγή συμφώνων, τραχιά φωνή με τρέμουλο, σταθερό ύψος και ένταση, φτωχός συντονισμός κινήσεων και γενικά αδεξιότητα της κινητικής δραστηριότητας.

Υποκινητική δυσαρθρία: Η αιτιολογία σε αυτήν είναι η νόσος του Parkinson, οι κρανιοεγκεφαλικές κακώσεις και το εγκεφαλικό επεισόδιο, ενώ εμφανίζεται με λάθη στην ομιλία όπως μία ένταση και ένα ύψος στη φωνή, ανώμαλη ταχύτητα ομιλίας, δυσρυθμίες στην άρθρωση, τραχιά φωνή και πιθανή υπερρινικότητα.

Υπερκινητική δυσαρθρία: Η βλάβη εδώ εντοπίζεται στα βασικά γάγγλια με αυξημένη ποσότητα ντοπαμίνης και η αιτιολογία είναι παθήσεις όπως χορεία, νόσος Huntington, εγκεφαλικά επεισόδια και ανοξία. Χαρακτηρίζεται από δυσκινησίες, ανακρίβεια στη παραγωγή συμφώνων, αλλοιώσεις φωνηέντων, κοπιώδη φωνή με σπασίματα, ακατάλληλες παύσεις και υπερρινικότητα.

Μεικτή δυσαρθρία: Η βασική αιτία αυτής της διαταραχής είναι η μυατροφική πλευρική σκλήρυνση (ALS), η οποία είναι μια καλπάζουσα νευρολογική ασθένεια που προσβάλει τα νευρικά κύτταρα στον εγκέφαλο και στη σπονδυλική στήλη, τα οποία είναι υπεύθυνα για τον έλεγχο των εκούσιων μυϊκών κινήσεων. Τα λάθη στην ομιλία παρουσιάζονται με ανακρίβεια στην παραγωγή συμφώνων, αλλοίωση φωνηέντων, αργή ταχύτητα ομιλίας και προβλήματα στην κατάποση.

Γενικά η δυσαρθρία είναι:
- νευρογενής
- επίκτητη
- διαταραχή ομιλίας
- επηρεάζει όλα τα υποσυστήματα της ομιλίας (άρθρωση, φώνηση, αντήχηση, προσωδία και αναπνοή)

Η δυσαρθρία δεν είναι:
- διαταραχή λόγου
- διαταραχή νοημοσύνης
- αισθητηριακή διαταραχή
- άνοια
- ούτε περιορίζεται σε ένα υποσύστημα της ομιλίας

γ) Αξιολόγηση απραξίας στόματος/ομιλίας και δυσαρθρίας

Τα βήματα που ακολουθούνται για τη διάγνωση των κινητικών διαταραχών της ομιλίας είναι περίπου τα ίδια:
- λήψη λογοπαθολογικού ιστορικού του ασθενή
- ακοολογικός έλεγχος
- στοματοπροσωπική εξέταση, κατά την οποία θα δούμε στη συνέχεια τί ακριβώς εξετάζεται
- αξιολόγηση της ταχύτητας του ασθενή, καθώς παράγει διαδοχοκινητικές συλλαβές
- συλλογή δείγματος ομιλίας, συνήθως μέσα από συζήτηση ή από την περιγραφή μιας εικόνας

- Τέλος, αν πρόκειται για ενήλικα ή παιδί 6 ετών κ άνω, ζητάμε να διαβάσει ένα κείμενο

Επιπλέον για τη δυσαρθρία ελέγχουμε την άρθρωση, τη φώνηση, την αντήχηση και την αναπνοή.

Για την απραξία στόματος/ομιλίας ζητάμε από τον ασθενή να μετρήσει από το 1 ως το 20 και μετά αντίστροφα από το 20 ως το 1 και κατόπιν να επαναλάβει λέξεις με αυξανόμενο μήκος συλλαβών. Τέλος, του ζητάμε να επαναλάβει προτάσεις και εδώ με αυξανόμενο μήκος όρων.

Στην στοματοπροσωπική εξέταση ελέγχουμε όλα τα κρανιακά νεύρα που εμπλέκονται στην παραγωγή ομιλίας και θα δούμε αναλυτικά πώς γίνεται η εξέταση αυτή. Τα έξι ζεύγη των κρανιακών νεύρων που εμπλέκονται είναι το *τρίδυμο*, το *προσωπικό*, το *γλωσσοφαρυγγικό*, το *πνευμονογαστρικό*, το *παραπληρωματικό* και το *υπογλώσσιο*. Αν ένα νεύρο υποστεί βλάβη, θα υπάρξουν επιπτώσεις στην ακριβή παραγωγή ομιλίας.

Τρίδυμο (V): η λειτουργία του είναι μεικτή (αισθητική και κινητική) και διαιρείται σε τρεις κλάδους: τον οφθαλμικό, τον άνω γναθιαίο και τον κάτω γναθιαίο. Για να το αξιολογήσουμε, ζητάμε από τον ασθενή να ανοίξει το στόμα του, να δαγκώσει το κάτω χείλος και να μας δείξει πώς μασάει.

Προσωπικό (VII): η λειτουργία του είναι μεικτή και διαιρείται σε δύο κλάδους, τον αυχενικό και τον μετωπιαίο. Για την αξιολόγηση, ζητάμε να χαμογελάσει ο ασθενής, έπειτα να σουφρώσει τα χείλη του, να φουσκώσει τα μάγουλα, να πει συνεχόμενα /παπαπα/, να σηκώσει τα φρύδια και τέλος να κλείσει τα μάτια κρατώντας αντίσταση, ώστε εμείς να προσπαθούμε να τα ανοίξουμε.

Γλωσσοφαρυγγικό (IX): η λειτουργία του είναι μεικτή και το αξιολογούμε με το αντανακλαστικό της εξεμέσεως.

Πνευμονογαστρικό (X): η λειτουργία του είναι μεικτή και διαιρείται σε τρεις κλάδους, το φαρυγγικό, τον έξω άνω λαρυγγικό και τον παλίνδρομο λαρυγγικό. Εξετάζεται ζητώντας από τον ασθενή να πάρει μια βαθιά αναπνοή και να πει συνεχόμενα /s/ ή /z/ και έπειτα να πει διακεκομμένα /a/, /a/, /a/.

Παραπληρωματικό (XI): η λειτουργία του είναι κινητική και ελέγχεται αφού ζητήσουμε από τον ασθενή να γυρίσει το κεφάλι του προς τη μια μεριά και μετά προς την αντίθετη και να σηκώσει τους ώμους του.

Υπογλώσσιο (XII): η λειτουργία του είναι κινητική και αξιολογείται αφού ζητήσουμε από τον ασθενή να βγάλει έξω τη γλώσσα του, να σηκώσει τη γλώσσα προς τη μύτη, να κατεβάσει τη γλώσσα στο πηγούνι και να κινήσει τη γλώσσα αριστερά και δεξιά του στόματος.

I= οσφρητικό
II= οπτικό
III= κοινό κινητικό
IV= τροχιλιακό
V= τρίδυμο
VI= απαγωγό
VII= προσωπικό

VIII= ακουστικό και αιθουσαίο
IX= γλωσσοφαρυγγικό
X= πνευμονογαστρικό
XI= παραπληρωματικό
XII= υπογλώσσιο

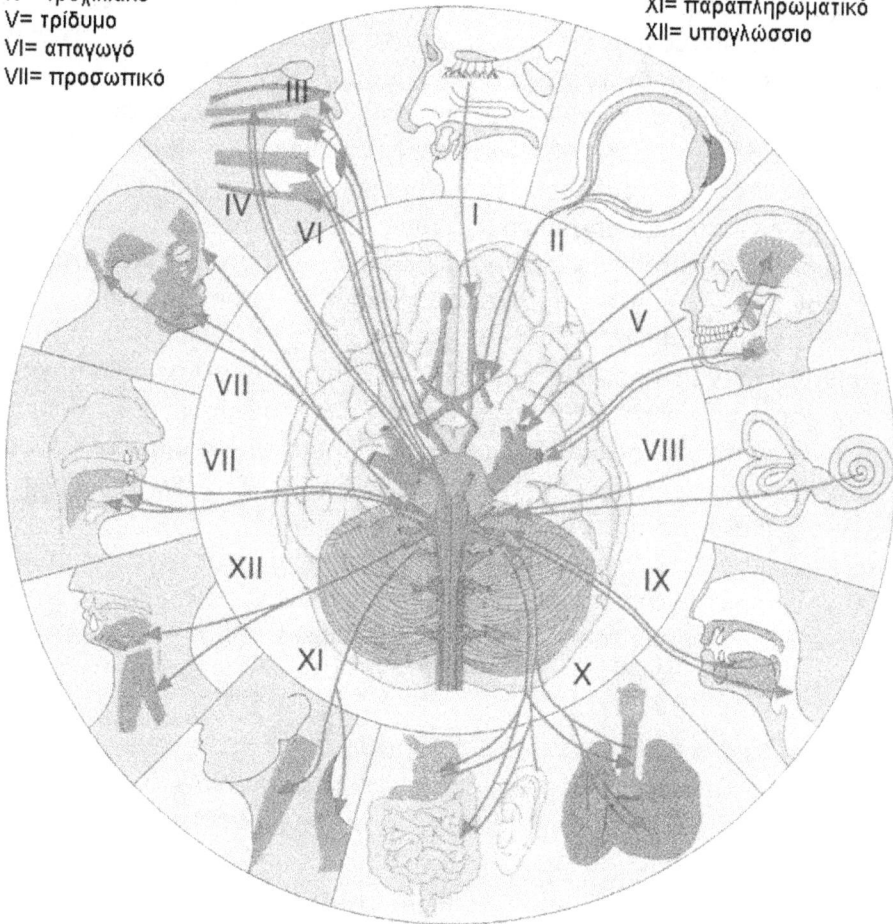

Εικ. 7 Τα κρανιακά νεύρα και οι λειτουργιές τους

Το επόμενο που ελέγχουμε στη στοματοπροσωπική εξέταση είναι τα υποσυστήματα της ομιλίας και τα νευρομυϊκά χαρακτηριστικά τους.

Τα υποσυστήματα που επηρεάζονται από τις κινητικές διαταραχές ομιλίας είναι:

Η άρθρωση: ελέγχεται μέσα από το δείγμα ομιλίας, την παραγωγή διαδοχοκινητικών συλλαβών και την ανάγνωση. Παρατηρούμε τους αρθρωτές ως προς τη θέση, τη δύναμη, την ταχύτητα, την ακρίβεια, το συντονισμό και το εύρος της κίνησης.

Η φώνηση: λέμε στον ασθενή να παράγει ένα συνεχόμενο /αααα/ και ελέγχουμε για την ποιότητα, την ένταση και το ύψος.

Η αντήχηση: σε αυτό το κομμάτι ελέγχουμε αν η υπερώα έχει τοποθετηθεί σωστά, ώστε να απομονωθεί η ρινική από τη στοματική κοιλότητα. Ζητάμε από τον ασθενή να παράγει ένα διαρκές /μμμμ/, καθώς εμείς τοποθετούμε ένα καθρεφτάκι κάτω από τα ρουθούνια για έλεγχο διαφυγής αέρα. Έπειτα του λέμε να παράγει ένα διαρκές /φφφφφ/ και ελέγχουμε με τον ίδιο τρόπο τον αέρα. Στη συνέχεια του λέμε να επαναλάβει μετά από μας συγκεκριμένες προτάσεις με ρινικούς και μη ρινικούς ήχους.

Η προσωδία: ελέγχεται στην ουσία μαζί με την φώνηση, γιατί παρατηρούμε το ύψος, την ένταση, τον τονισμό και επιτονισμό που πραγματοποιεί ο ασθενής, καθώς παράγει ομιλία.

Η αναπνοή: πραγματοποιείται φυσιολογικά όταν η υπογλωττιδική πίεση θέτει σε δόνηση τις φωνητικές χορδές. Ζητάμε από τον ασθενή να πάρει μια βαθιά ρινική αναπνοή και καθώς εκπνέει να παράγει ένα διαρκές /αααα/. Έπειτα μπορεί να κάνει το ίδιο παράγοντας ένα διαρκές /zzzzz/. Τέλος, ζητάμε να παράγει διακεκομμένα τον ήχο /α/.

Συνοψίζοντας, ελέγχοντας τα υποσυστήματα της ομιλίας, παρατηρούμε τα νευρομυϊκά χαρακτηριστικά τους, όπως είναι η δύναμη των μυών, η ταχύτητα της κίνησης, το εύρος της κίνησης και η ακρίβειά της, η σταθερότητα της κίνησης και ο μυϊκός τόνος.

δ) Διαφοροδιάγνωση απραξίας- δυσαρθρίας

Σε δύο τόσο σημαντικές διαταραχές με όμοια χαρακτηριστικά, είναι καθοριστικής σημασίας η σωστή διαφοροδιάγνωση, ώστε να επιλεχθεί η κατάλληλη θεραπεία. Ο στόχος μας σε άτομα που παρουσιάζουν δυσαρθρία ή απραξία είναι αρχικά να προσδιορίσουμε τις κινητικές λειτουργίες όπου εντοπίζεται το πρόβλημα και στη συνέχεια να αξιολογήσουμε τον τρόπο και το βαθμό στον οποίο μπορεί να βελτιωθεί το άτομο, καθώς και τις μεθόδους που θα χρησιμοποιήσουμε. Κατά κύριο λόγο οι δύο αυτές διαταραχές εμφανίζονται παράλληλα με την αφασία, η οποία αποτελεί διαταραχή του λόγου ύστερα από εγκεφαλική βλάβη. Η διάκριση ανάμεσα σε αυτές τις διαταραχές είναι πολλές φορές αρκετά δύσκολη, επομένως κρίνεται απαραίτητο ένα καλό και πλήρες ιατρικό ιστορικό, ώστε να προσδιορίσουμε την νευροπαθολογία του ατόμου. Επιπρόσθετα χρησιμοποιούμε την παρατήρηση, την περιγραφή και την ανταπόκριση του ατόμου κατά την εκτέλεση δραστηριοτήτων του λόγου, λεκτικών και μη. Ας δούμε έναν πίνακα με τις κυριότερες διαφορές που υπάρχουν μεταξύ της διαφοροδιάγνωσης της απραξίας και της δυσαρθρίας:

Δυσαρθρία	Απραξία
1. Οι διαταραχές οφείλονται σε μυϊκή αδυναμία ελέγχου της ομιλίας	1. Οι διαταραχές οφείλονται σε βλάβη στον κινητικό προγραμματισμό
2. Τα λάθη εδώ είναι σταθερά	2. Μη σταθερά λάθη, λιγότερο επίμονα
3. Διαταραχή και στα 5 υποσυστήματα της ομιλίας	3. Διαταραχή της άρθρωσης και της προσωδίας
4. Δε συνοδεύεται από διαταραχή στα άκρα	4. Μπορεί να συνυπάρχει απραξία άκρων

ε) Θεραπεία απραξίας και δυσαρθρίας
Απραξία επίκτητη

Σε περιπτώσεις που έχουμε έναν ασθενή με επίκτητη απραξία στόματος ή/και ομιλίας, αφού έχουμε κάνει μια πλήρη αξιολόγηση, προχωράμε στη θεραπεία των επιμέρους κινητικών δομών που εμφανίζουν τη βλάβη.

Γνωρίζουμε ότι τα άτομα αυτά διέθεταν πριν τη διαταραχή ένα κινητικό πρόγραμμα για κάθε ήχο, το οποίο όμως τώρα μοιάζει να έχει «χαθεί», όποτε στόχος του λογοθεραπευτή είναι να μάθει εκ νέου αυτό το κινητικό πρόγραμμα στον ασθενή. Συνεπώς αρχίζουμε από στοματικές ασκήσεις και ερεθισμό της στοματικής περιοχής για να καθιερώσουμε τις μη λεκτικές κινήσεις, και συνεχίζουμε στην εκμάθηση παραγωγής των φωνηέντων και στην εναλλαγή αυτών. Έπειτα προχωράμε στην επανάληψη ήχων που είναι ορατοί στον ασθενή, ξεκινώντας από τους χειλικούς όπως /mamama/, /papapa/ κλπ και αλλάζοντας κάθε φορά τα φωνήεντα στις συλλαβές με τελικό στόχο τους ήχους που παράγονται στο λάρυγγα όπως /kakaka/.

Είναι σημαντικό προτού προχωρήσουμε στο επόμενο βήμα να είμαστε βέβαιοι ότι ο ασθενής μας αισθάνεται άνετα με τη διαδικασία, καταλαβαίνει γιατί γίνεται η κάθε άσκηση και είναι πρόθυμος να συνεργαστεί. Αφού λοιπόν πετύχουμε την μεμονωμένη παραγωγή ίδιων συλλαβών, συνεχίζουμε με το συνδυασμό των συλλαβών επιλέγοντας ήχους χειλικούς-οδοντικούς-λαρυγ-γικούς όπως /pataka/. Χρησιμοποιούμε αργό ρυθμό ομιλίας και εναλλάσσου-με τον επιτονισμό μας και την ένταση.

Το επόμενο στάδιο είναι η παραγωγή λέξεων με αυξανόμενο το μήκος τους, καθώς και η παραγωγή προτάσεων με αυξανόμενο πλήθος όρων. Σε ενήλικες το λεξιλόγιο που επιλέγουμε να καθιερώσουμε πάντα στην αρχή είναι το βα-σικό, που θα τους βοηθήσει στην καθημερινή τους αυτοεξυπηρέτηση. Παράλ-ληλα με τις ασκήσεις μπορούμε να δώσουμε κομμάτια από κείμενα για ανά-γνωση, αφού βεβαιωθούμε ότι ο ασθενής μας γνωρίζει ανάγνωση και γραφή. Υπάρχουν 5 θεραπευτικά βήματα που ακολουθούμε για να διδάξουμε τους στόχους μας σε ενήλικες με απραξία:

- παραγωγή λέξης-στόχου από τον ασθενή ταυτόχρονα με το θεραπευ-τή, αφού όμως δώσουμε οπτική ή απτική βοήθεια/ενίσχυση (π.χ. μια εικόνα)
- παραγωγή λέξης-στόχου από τον ασθενή ταυτόχρονα με το θεραπευτή, αφαιρώντας την απτική/οπτική ενίσχυση. Ο ρυθμός είναι βασικό να δια-τηρείται σε αργό επίπεδο
- άμεση επανάληψη της παραγωγής τού θεραπευτή από τον ασθενή
- καθυστερημένη επανάληψη της παραγωγής τού θεραπευτή από τον ασθενή παρεμβάλλοντας 3-4 δευτερόλεπτα
- αυθόρμητη παραγωγή από τον ασθενή, απαντώντας σε συγκεκριμένη ερώτηση του θεραπευτή, εκμαιεύοντας τη λέξη - στόχο

Γενικότερα προσπαθούμε να δημιουργούμε ευχάριστο κλίμα στον ασθενή, κερδίζοντας με τον επαγγελματισμό μας την αξιοπιστία του.

Απραξία εξελικτική

Όταν δουλεύει κανείς με παιδιά που έχουν απραξία ομιλίας, είναι αναγκαίο να συμπεριλάβει στο θεραπευτικό του πρόγραμμα τους γονείς. Είναι οι πρώτοι που θα αντιληφθούν το πρόβλημα του παιδιού και θα δώσουν τις περισσότε-ρες πληροφορίες για τις ανάγκες και τις επιθυμίες του. Στόχος λοιπόν του λο-γοθεραπευτή είναι να ενημερώσει του γονείς για το είδος της διαταραχής και στη συνέχεια να τους εξηγήσει τους στόχους που έχει θέσει για τη θεραπεία του παιδιού τους, ζητώντας τους να συμμετάσχουν σε αυτή με το να χρησι-μοποιούν τις ασκήσεις και στο σπίτι, πέρα από τη συνεδρία. Σε ό, τι αφορά το παιδί επιδιώκουμε αρχικά να κερδίσουμε την εμπιστοσύνη και τη συμπάθειά του, σχεδιάζοντας προσεχτικά τα βήματά μας για την αποκατάστασή του και δίνοντας ταυτόχρονα επιβράβευση για κάθε επιτυχή προσπάθεια.

Ξεκινάμε, λοιπόν, τη θεραπεία μας διορθώνοντας τη χρήση των ήχων και των δομών και έπειτα την ακρίβεια και την ορθότητά τους. Ζητάμε από το παιδί να αρχίσει να μιμείται κινήσεις των στοματικών δομών σε μη λεκτικές ασκήσεις και στη συνέχεια θα πρέπει να τις εκτελεί μετά από εντολή δική μας.

Συνεχίζουμε με λεκτικές ασκήσεις ύστερα από μίμηση αρχικά φωνηέντων και συμφώνων σε μοτίβο CV (σύμφωνο-φωνήεν) και VC συνδυασμών. Το επόμενο βήμα είναι η διαδοχοκίνηση με συνδυασμό των συλλαβών. Προχωράμε σε λέξεις με αυξανόμενο μήκος και με ήχους χειλικούς, οδοντικούς και έπειτα λαρυγγικούς. Χρησιμοποιούμε λεξιλόγιο που έχει ήδη κατακτήσει το παιδί και αντιστοιχεί στο ηλικιακό του επίπεδο. Αφού κατακτήσουμε ένα επίπεδο επικοινωνίας με αργό πάντα ρυθμό, εισάγουμε τις εναλλαγές στον επιτονισμό και την ένταση. Μπορούμε να χρησιμοποιούμε και το σώμα μας στις ασκήσεις με τον εξής τρόπο: καθώς παράγουμε έναν ήχο ή μια λέξη προχωράμε στην αίθουσα μαζί με το παιδί σε ρυθμικό τόνο. Άλλοτε χτυπάμε το χέρι μας στο τραπέζι ταυτόχρονα με την παραγωγή λέξεων για την καταμέτρηση συλλαβών. Στα παιδιά βοηθητικό ρόλο παίζουν τα βιβλία και τα παιχνίδια, τα οποία μπορούμε να εντάξουμε μέσα στη θεραπεία μας, ώστε να κεντρίζουμε το ενδιαφέρον τους, κρατώντας αμέριστη την προσοχή τους στο στόχο μας.

Θεραπεία δυσαρθρίας

Προτού δούμε τις θεραπευτικές ασκήσεις για κάθε τύπο δυσαρθρίας, είναι αναγκαίο να αναφερθούμε στις αρχές που διέπουν κάθε θεραπευτικό πρόγραμμα:

Αναπλήρωση: ο ασθενής πρέπει να μάθει πώς να εμπλουτίσει και να μεγιστοποιήσει τις δυνατότητές του.

Εκούσια δραστηριότητα: ο ασθενής μαθαίνει να μιμείται και να εκτελεί δραστηριότητες που του δίνει ο θεραπευτής.

Εποπτεία: μαθαίνουμε στον ασθενή να ελέγχει τις κινήσεις που κάνει και να αξιολογεί κατά πόσο απέδωσε σε αυτές.

Πρώιμη έναρξη: διδάσκουμε στον ασθενή να αυτοελέγχεται και να αυτοπαρατηρείται στα αρχικά στάδια της θεραπείας, ώστε να μην εγκαθιδρυθούν λανθασμένα πρότυπα ομιλίας.

Κίνητρο: ενθαρρύνουμε τον ασθενή κάθε φορά ώστε να συμμετέχει ενεργά στη θεραπεία του με καλή διάθεση.

Γενικότερα στόχος μας σε άτομα με δυσαρθρία είναι να βοηθήσουμε τον ασθενή να γίνει παραγωγικός στην ομιλία του αλλάζοντας την στάση του, το μυϊκό τόνο, την ένταση, την αναπνοή, τη φώνηση, τη άρθρωση και την προσωδία, έτσι ώστε να γίνει λειτουργικός ξανά στην καθημερινότητά του.

Ας δούμε μερικές ασκήσεις που δίνουμε για κάθε τομέα που μπορεί να υποστεί βλάβη σε άτομα με δυσαρθρία:

1. Χαλάρωση: επιδιώκουμε να χαλαρώσουμε τον ασθενή, διότι συνήθως παρουσιάζει μυϊκή ένταση, η οποία δε βοηθά στις υπόλοιπες ασκήσεις. Στόχος μας είναι η χαλάρωση των λαρυγγικών και φαρυγγικών μυών

2. Ασκήσεις αναπνοής:
- μαθαίνουμε το σωστό τρόπο αναπνοής (διαφραγματικό)
- εισπνοή και εκπνοή με τη σωστή στάση σώματος
- εισπνοή και εκπνοή σε διαφορετικούς χρόνους
- εισπνοή και εκπνοή με άηχο τριβόμενο ήχο, με αυξομείωση της έντασης, με άηχο φωνήεν
- παραγωγή χειλικών άηχων έκκροτων ήχων και συνδυασμό με φωνήεντα
- εκπνοή σε διαφορετικούς χρόνους

3. Ασκήσεις φώνησης:
- χρησιμοποιούμε διαφορετικά φωνήεντα για ήπια γλωττιδική αποφόρτιση ή έντονη γλωττιδική αποφόρτιση, ανάλογα με τον τύπο δυσαρθρίας
- παραγωγή άηχων τριβόμενων πριν τα φωνήεντα για παραλλαγή της πρώτης άσκησης
- παραγωγή συνεχούς φώνησης φωνηέντων, έπειτα εναλλαγή φωνηέντων και αύξηση διάρκειας της φώνησης
- αυξομείωση έντασης κατά την παραγωγή φωνηέντων

4. Ασκήσεις αντήχησης:
- εκπνοή με φουσκωμένα μάγουλα
- παραγωγή έκκροτων χειλικών, φατνιακών, υπερωικών σε συνδυασμό με φωνήεν
- εναλλαγή ρινικών και μη ρινικών ήχων σε ψευδολέξεις και λέξεις

5. Ασκήσεις τονισμού:
- βάζουμε τον ασθενή να τραγουδήσει σε μουσική κλίμακα
- κάνουμε παραλλαγές του τόνου με τη χρήση φωνηέντων και συλλαβών
- έπειτα παραλλαγές τόνου με τη χρήση λέξεων:

6. Ασκήσεις ενδυνάμωσης αρθρωτών και διαδοχοκίνησης
- άνοιγμα/ κλείσιμο σιαγόνας
- άνοιγμα/ κλείσιμο χειλιών
- χαμόγελο/ σούφρωμα χειλιών
- ζητάμε από τον ασθενή να βγάλει τη γλώσσα έξω, να την ανεβάσει πάνω και έπειτα να την κατεβάσει κάτω προς το σαγόνι
- να κάνει κυκλικές κινήσεις με τη γλώσσα
- αφού κατορθώσει να εκτελέσει όλες αυτές τις κινήσεις, κάνουμε το ίδιο

ασκώντας πίεση κάθε φορά για ενδυνάμωση
- πετυχαίνουμε διαδοχοκίνηση με γρήγορο ανοιγοκλείσιμο του στόματος
- γρήγορη εναλλαγή κινήσεων της γλώσσας και των χειλιών και
- γρήγορη επανάληψη διαφορετικών συλλαβών

7. Ασκήσεις άρθρωσης: Εδώ προσπαθούμε να μειώσουμε την ταχύτητα, να χρησιμοποιούμε μικρές φράσεις, επιδιώκουμε συλλαβιστό τόνο αρχικά και υπερβολικό άνοιγμα του στόματος κατά την άρθρωση με έμφαση στους αρχικούς και τελικούς ήχους.
- μίμηση διατήρησης φωνήεντος με υπερβολικό άνοιγμα των χειλιών και της γνάθου
- μίμηση ορατών συμφώνων με συνδυασμό φωνηέντων CV και VC
- χρήση διφθόγγων σε συνδυασμό με φωνήεντα
- έπειτα προχωράμε σε λέξεις με αυξανόμενο μήκος
- χρήση λέξεων που ομοιοκαταληκτούν
- ενθαρρύνουμε την αυτοδιόρθωση, τον διαφορετικό επιτονισμό και την ένταση

8. Ασκήσεις βελτίωσης καταληπτότητας:
- δίνουμε στον ασθενή λίστες λέξεων με ήχους που θέλουμε να διορθώσει
- λέμε στον ασθενή να διαβάζει δυνατά ή να επαναλαμβάνει λέξεις ή φράσεις
- καταγράφουμε την ομιλία του ασθενή και τον βάζουμε να την ακούσει και να την αξιολογήσει
- ζητάμε περιγραφή σύνθετης εικόνα, σειρά εικόνων
- διάβασμα διαλόγων
- δίνονται εντολές στον ασθενή για να τις εκτελέσει αφού τις κατανοήσει
- χρησιμοποιούμε το τηλέφωνο για συνομιλία
- χρησιμοποιούμε ρυθμική ενίσχυση, μετρονόμο
- τελικός στόχος είναι η ικανότητα του ασθενή να συμμετάσχει σε συζητήσεις μέσα στην καθημερινότητά του

Ο θεραπευτής καλείται να ενθαρρύνει τα άτομα με δυσαρθρία, δίνοντας διαφορετικά κίνητρα και εμψυχώνοντάς τα κάθε φορά. Δημιουργικό θα ήταν ακόμη και η ένταξη του δυσαρθρικού μέσα σε ομάδα με παρόμοια διαταραχή, για τη συμμετοχή του σε διάλογο, παιχνίδια ρόλων, ομιλίες κλπ. Τέλος, αναπόσπαστο κομμάτι της θεραπείας αποτελεί το περιβάλλον του ασθενή μας, ο τρόπος που τον αντιμετωπίζει, το πώς κινούνται γύρω του και κατά πόσο ενισχύουν την προσπάθεια για αποκατάσταση. Σε κάθε στιγμή επικοινωνίας είναι σημαντικό το άτομο να επαναπροσδιορίζει τη στάση του τόσο απέναντι στον εαυτό του όσο και απέναντι στους άλλους.

4. Γλωσσική διαταραχή/Καθυστέρηση λόγου

α) Ορισμός
Στις διαταραχές επικοινωνίας εξετάσαμε ήδη την αρθρωτική και φωνολο-
γική διαταραχή, που αναφέρονταν και οι δύο στη μη ή λάθος εκμάθηση των
ήχων της γλώσσας. Σε αυτό το κομμάτι θα αναλύσουμε τί συμβαίνει όταν ένα
παιδί καθυστερεί στο λόγο του, δηλαδή, ενώ δεν έχει πρόβλημα στην ακοή του
και στα όργανα της ομιλίας, αδυνατεί να χρησιμοποιήσει τη γλώσσα του στο
βαθμό που αντιστοιχεί στο ηλιακό του επίπεδο. Αυτό το είδος της διαταραχής
ονομάζεται *γλωσσική διαταραχή* ή αλλιώς *καθυστέρηση λόγου*. Θα πρέπει να
σημειώσουμε ότι, όταν μιλάμε για *καθυστέρηση*, εννοούμε τη χρονική κα-
θυστέρηση αναφορικά με την εμφάνιση του λόγου σε ένα παιδί. Με το *λόγο*
εννοούμε το σύνολο των επιμέρους στοιχείων του γλωσσικού συστήματος, τα
οποία είναι σημασιολογικά, φωνολογικά, μορφολογικά, συντακτικά και πραγ-
ματολογικά. Επομένως όταν θα αξιολογήσουμε τη γλώσσα/λόγο, πρέπει λά-
βουμε υπόψη μας τις τρεις διαστάσεις της: το περιεχόμενο (σημασιολογία), τη
μορφή (φωνολογία, μορφολογία, συντακτικό) και τη χρήση (πραγματολογία).
Συνεπώς ως *γλωσσική διαταραχή* ορίζεται εκείνη η κατάσταση, στην οποία
το άτομο παρουσιάζει προβλήματα στη χρήση του γλωσσικού συστήματος,
είτε σε κάποιο τομέα είτε στο σύνολό του.
Το **DSM- IV-TR** κατατάσσει τη συγκεκριμένη διαταραχή κάτω από τους
όρους:
« **315.31 Διαταραχή της Γλωσσική Έκφρασης**
Α. Η βαθμολογία που προκύπτει από ατομικά χορηγούμενες σταθμισμένες
μετρήσεις της ανάπτυξης της γλωσσικής έκφρασης, είναι σημαντικά χαμηλό-
τερη από τις βαθμολογίες που προκύπτουν από σταθμισμένες μετρήσεις τόσο
της εξωλεκτικής νοημοσύνης όσο και της ανάπτυξης της γλωσσικής αντίλη-
ψης. Η διαταραχή εκδηλώνεται κλινικά με συμπτώματα που περιλαμβάνουν
την ύπαρξη ενός σαφώς περιορισμένου λεξιλογίου, εσφαλμένη χρήση των
χρόνων, δυσκολία στην ανάκληση λέξεων ή την παραγωγή προτάσεων με
μήκος ή συμπλοκότητα, που αντιστοιχεί στο αναπτυξιακό επίπεδο.
Β. Οι δυσκολίες στη γλωσσική έκφραση παρεμποδίζουν τη σχολική ή επαγ-
γελματική απόδοση ή την κοινωνική επικοινωνία.
Γ. Δεν πληρούνται τα κριτήρια της Μικτής Διαταραχής της Γλωσσικής Έκ-
φρασης και Αντίληψης ή της Διάχυτης Αναπτυξιακής Διαταραχής.
Δ. Αν υπάρχουν νοητική καθυστέρηση, κινητικό ελάττωμα του λόγου ή αι-
σθητηριακό ελάττωμα ή περιβαλλοντική αποστέρηση, οι δυσκολίες της γλώσ-

σας είναι μεγαλύτερες από αυτές που συνήθως συνοδεύουν αυτά τα προβλήματα».

« 315.32 Μικτή Διαταραχή της Γλωσσικής Αντίληψης και Έκφρασης

Α. Η βαθμολογία που προκύπτει από συστοιχία χορηγούμενων σταθμισμένων μετρήσεων τής ανάπτυξης της γλωσσικής έκφρασης και αντίληψης είναι σημαντικά χαμηλότερη από τις βαθμολογίες που προκύπτουν από σταθμισμένες μετρήσεις της εξωλεκτικής νοημοσύνης. Τα συμπτώματα περιλαμβάνουν εκείνα της Διαταραχής της Γλωσσικής Έκφρασης, καθώς επίσης δυσκολία στην κατανόηση λέξεων, προτάσεων ή ειδικών τύπων λέξεων, όπως όροι που αφορούν το χώρο.

Β. Οι δυσκολίες στη γλωσσική αντίληψη και έκφραση παρεμποδίζουν σε σημαντικό βαθμό τη σχολική ή επαγγελματική απόδοση ή την κοινωνική επικοινωνία.

Γ. Δεν πληρούνται τα κριτήρια της Διάχυτης Αναπτυξιακής Διαταραχής.

Δ. Αν υπάρχουν Νοητική Καθυστέρηση, κινητικό ελάττωμα του λόγου ή αισθητηριακό ελάττωμα ή περιβαλλοντική αποστέρηση, οι δυσκολίες της γλώσσας είναι μεγαλύτερες από αυτές που συνήθως συνοδεύουν αυτά τα προβλήματα».

Αφού, λοιπόν, είδαμε την ακριβή ορολογία της διαταραχής, ας εξετάσουμε τη διαφορά που υπάρχει ανάμεσα στην απλή αργοπορία του λόγου και στη γλωσσική διαταραχή, γιατί αρκετοί γονείς μπερδεύονται και ανησυχούν χωρίς να υπάρχει ουσιαστικός λόγος, ενώ άλλοι γονείς δε δίνουν ιδιαίτερη σημασία σε καταστάσεις που χρειάζεται επαγγελματική παρέμβαση. Η γλώσσα και ο λόγος του παιδιού εξελίσσονται με την πάροδο του χρόνου. Όμως κάποια παιδιά καθυστερούν να αναπτύξουν το κομμάτι της γλωσσικής έκφρασης και ενώ δείχνουν σημάδια κατανόησης, η έκφρασή τους είναι περιορισμένη σημαντικά.

Τι είναι όμως εκείνο που θα βοηθήσει εμάς τους ειδικούς αλλά και τους γονείς να ξεχωρίσουμε την απλή αργοπορία από τη διαταραχή; Είναι το όριο της ηλικίας. Για ένα παιδί με φυσιολογική νοημοσύνη, ψυχική υγεία, ακοή και κατάσταση των οργάνων της ομιλίας, δεν μπορούμε να μιλήσουμε για καθυστέρηση του λόγου, αν δεν περάσει *το τρίτο έτος*. Μόνο σε περιπτώσεις που συνυπάρχει κάποια άλλη παθολογική κατάσταση (όπως εγκεφαλική πάρεση, νοητική υστέρηση) δε μας απασχολεί το όριο ηλικίας, γιατί εκεί τα προβλήματα αρχίζουν από πολύ νωρίς και είναι αναμενόμενα. Ας δούμε ποια παιδιά έχουν μεγαλύτερες πιθανότητες να παρουσιάσουν καθυστέρηση λόγου που θα χρήζει λογοθεραπευτικής παρέμβασης:

• παιδιά με οικογενειακό ιστορικό διαταραχών της γλώσσας

- με χαμηλή αρθρωτική ακρίβεια
- με μη τυπικά λάθη στη έκφραση
- με λιγότερο συμβολικό παιχνίδι

με εμφανή τα παρακάτω σημάδια στη γλωσσική έκφραση:

- δυσκολία στην κατανόηση της σημασίας των λέξεων και γενικά του προφορικού λόγου
- δυσκολία στη χρήση της γλώσσας
- δυσκολία στη συμμετοχή σε διάλογο
- δυσκολία στην αφήγηση γεγονότων και εμπειριών
- ελλιπείς γνωστικές ικανότητες
- γενικά δυσκολία στη μορφή της γλώσσας (φωνολογικοί, συντακτικοί και μορφολογικοί κανόνες), στη χρήση (πραγματολογικές διαταραχές) και στο περιεχόμενο (αδυνατούν να αποτυπώνουν τις ιδέες τους, τα αντικείμενα, τη σχέση μεταξύ τους και να χρησιμοποιούν το λόγο σε μια ποικιλία καταστάσεων και λειτουργιών)
- για μεγαλύτερα παιδιά θα υπάρξει μαθησιακή δυσκολία (γραφή, ανάγνωση).

β) Αξιολόγηση της γλωσσικής διαταραχής

Τα βήματα της αξιολόγησης εδώ δε διαφέρουν και πολύ από ό,τι είδαμε ως τώρα, δηλαδή και εδώ ξεκινάμε με τη λήψη το λογοπαθολογικού ιστορικού, συνεχίζουμε με στοματοπροσωπική εξέταση, ζητάμε ακοολογικό έλεγχο, αξιολογούμε τη διαδοχοκίνηση, αποκτάμε δείγμα ομιλίας και αν το παιδί είναι στη κατάλληλη ηλικία τού ζητάμε να διαβάσει ένα κείμενο.

Από όλα τα βήματα της αξιολόγησης θα σταθούμε στο δείγμα ομιλίας, όπου, αν πρόκειται για ανεπίσημη αξιολόγηση, ζητάμε από το παιδί γενικά να:

- εκτελέσει προφορικές εντολές
- να κατονομάσει αντικείμενα, να μιλήσει για τη χρήση τους
- να περιγράψει μια εικόνα που θα του δείξουμε
- να αφηγηθεί κάποιο γεγονός ή απλά πώς πέρασε τη μέρα του
- να μετρήσει και να πει την αλφαβήτα, αν είναι στην κατάλληλη ηλικία
- ενώ επιπλέον εμείς δημιουργούμε δραστηριότητες και του ζητάμε να συμμετάσχει σε ένα παιχνίδι ρόλων

Έπειτα πολλοί λογοθεραπευτές χρησιμοποιούμε δύο κυρίως ανεπίσημα τεστ-ερωτηματολόγια, ώστε να συλλέξουμε το απαραίτητο δείγμα λόγου, βασιζόμενοι στη φυσιολογική γλωσσική και γνωστική ανάπτυξη.

Το πρώτο είναι ένα ερωτηματολόγιο το οποίο συμπληρώνουμε καθώς κάνουμε κάποια δραστηριότητα με το παιδί και περιλαμβάνει ερωτήσεις όπως:

- παίζει μόνο του το παιδί; Παίζει χωρίς να μιλά; Μιλά όταν παίζει;
- Χαίρεται να παίζει με τα αδέρφια του ή με άλλα παιδιά; Χαίρεται να παίζει με τους γονείς του;
- Παίζει με ένα παιχνίδι μόνο ή χρησιμοποιεί διαφορετικά; Προσποιείται όταν παίζει;
- Κατά την επικοινωνία μιλά με τη σειρά του;
- επικοινωνεί κυρίως με λόγο ή με χειρονομίες;
- χρησιμοποιεί ερωτήσεις, κατάλληλες λέξεις, προτάσεις μεγαλύτερες των δύο ή τριών λέξεων;
- χρησιμοποιεί απλές ή σύνθετες προτάσεις; Βάζει σε σωστή σειρά τις λέξεις;
- χρησιμοποιεί ρήματα, άρθρα, αντωνυμίες, επιρρήματα, προθέσεις;
- Τέλος, παρατηρούμε πώς γράφει και διαβάζει το παιδί

Η δεύτερη δοκιμασία στην οποία υποβάλλουμε το παιδί είναι μια σειρά από κάρτες, όπου απεικονίζονται όλες εκείνες οι έννοιες που θέλουμε να εξετάσουμε, και ζητάμε από το παιδί αρχικά να μας δείξει μια συγκεκριμένη κάρτα και έπειτα να την κατονομάσει και να πει τη χρήση της. Τέτοιες έννοιες είναι οι εξής:

- αναγνώριση απλών καθημερινών αντικειμένων
- αναγνώριση ρημάτων
- αναγνώριση ζώων
- αναγνώριση φρούτων, φαγητών, λαχανικών
- αναγνώριση μελών σώματος
- αναγνώριση χρωμάτων και σχημάτων
- αναγνώριση επαγγελμάτων
- αναγνώριση επιθέτων, επιρρημάτων, προθέσεων και αριθμών

Αφού, λοιπόν, συλλέξουμε όλα αυτά τα στοιχεία θα είμαστε σε θέση να κρίνουμε αν το παιδί έχει μείνει πίσω στην ανάπτυξη του λόγου και χρειάζεται άμεσα λογοθεραπευτική παρέμβαση.

γ) Θεραπεία διαταραχών λόγου

Ως τώρα έχουμε ορίσει και αξιολογήσει τη διαταραχή λόγου σε παιδιά προσχολικής και σχολικής ηλικίας. Σαφώς και υπάρχει διαταραχή λόγου που αναφέρεται σε ενήλικες και είναι επίκτητη. Επειδή όμως αποτελεί ένα αρκετά μεγάλο κεφάλαιο στη λογοθεραπεία και προκαλείται από κάποια άλλη παθολογική κατάσταση ή τραυματισμό, δε μπορεί να αναλυθεί στα πλαίσια αυτού του βιβλίου.

Επιστρέφοντας, λοιπόν, στα παιδιά και στη θεραπεία της γλωσσικής διαταραχής, θα ήταν χρήσιμο σε αυτό το σημείο να δούμε τα φυσιολογικά βήματα της γνωστικής ανάπτυξης ενός παιδιού και έπειτα πώς ιεραρχείται η θεραπεία της συγκεκριμένης πάθησης.

- 12 μηνών το παιδί: ελέγχει την κίνηση χεριών και ποδιών, ελέγχει τα αντικείμενα, προφέρει διάφορους ήχους
- 1,5 χρονών: μαθαίνει τη σχέση αιτίας και αποτελέσματος, χρησιμοποιεί αντικείμενα για να φτιάξει κάτι, προφέρει μικρό αριθμών λέξεων
- 2 χρονών: ταιριάζει όμοια αντικείμενα, αναγνωρίζει το όνομά του και δικά του αντικείμενα, ονομάζει τα μέρη του σώματος, συνδυάζει λέξεις με καθημερινά αντικείμενα
- 3 χρονών: ακούει απλές ιστορίες, αναγνωρίζει την ποσότητα και τη χρονική αλληλουχία, αυξάνει τις γνώσεις του κάνοντας ερωτήσεις, εμπλουτίζει το λεξιλόγιό του
- 4 χρονών: καταλαβαίνει το χρόνο και χρησιμοποιεί τα ρήματα σε διάφορους χρόνους, γνωρίζει τη χρήση των αντικειμένων, εμπλουτίζει το λόγο του με τη χρήση περισσότερων εννοιών, κατανοεί τις συγκρίσεις, μιλά με ολοκληρωμένες προτάσεις
- 5 χρονών: κάνει αναλογίες των αντικειμένων, καταλαβαίνει το παράλογο σε εικόνες, γνωρίζει την προέλευση των συνηθισμένων πράξεων, μπορεί να ανακαλέσει από τη μνήμη του μέχρι και 3 αντικείμενα, η ομιλία του πλέον είναι ρέουσα χωρίς βασικά λάθη αρθρωτικά, γραμματικά, συντακτικά, μορφολογικά

Αφού είδαμε τα φυσιολογικά πλαίσια για την γνωστική-γλωσσική ανάπτυξη, προχωράμε στη θεραπεία των παιδιών που εμφανίζουν διαταραχή σε αυτό τον τομέα. Η θεραπευτική προσέγγιση πρέπει να υπάρξει σχετικά νωρίς, στην ηλικία των 3-4 χρονών, για να δούμε γρήγορα αποτελέσματα και για να μην παρακωλυθεί η μετέπειτα ανάπτυξη του παιδιού.

Έτσι, λοιπόν, ξεκινάμε τη θεραπεία μαθαίνοντας στο παιδί με τη σειρά τις έννοιες που θα έπρεπε να γνωρίζει, ανάλογα με το ηλικιακό του επίπεδο. Χρησιμοποιώντας κάρτες και παιχνίδια εννοιών επιδιώκουμε να διδάξουμε τη σωστή ονομασία των εννοιών αλλά και το πλαίσιο της χρήσης τους. Συνήθως ξεκινάμε από απλές έννοιες, όπως αντικείμενα καθημερινής χρήσης, ζώα, φρούτα, λαχανικά, χρώματα.

Προχωράμε σε πιο δύσκολο επίπεδο διδάσκοντας τα μέρη του σώματος-σωματογνωσία, έννοιες τόπου, χώρου, ποσότητας, μεγέθους, συνεχίζοντας με τα ρήματα, τα επαγγέλματα, τα σχήματα και οποιαδήποτε άλλη έννοια κρίνουμε ότι είναι απαραίτητη, ώστε να πλουτίσει το παιδί το λόγο και την ομιλία του, διευκολύνοντάς το στη μετέπειτα εξέλιξή του.

Πραγματολογικά βοηθάμε το παιδί να εξελιχθεί με δραστηριότητες όπως το παιχνίδι ρόλων, όπου μέσα από διάφορες καταστάσεις, επιδιώκουμε να του διδάξουμε πώς θα μιλάει με τη σειρά του σε διαλόγους, πώς να ακολουθεί εντολές, πώς να διατηρεί ένα θέμα συζήτησης, πώς να προσαρμόζει την ομιλία ανάλογα με τον συνομιλητή του και την τρέχουσα επικοινωνιακή κατάσταση, πώς να αρχίζει και να συμμετέχει σε δραστηριότητες.

Συνοψίζοντας, είναι σημαντικό να θυμόμαστε ότι η υγιής εξελικτική πορεία τής δημιουργίας του λόγου στα παιδιά, δεν αναφέρεται μόνο στις λειτουργίες του λόγου, αλλά και σε άλλες γνωστικές λειτουργίες όπως (και κυριότερα) εκείνες της μάθησης. Συνεπώς, σε περιπτώσεις καθυστέρησης και διαταραγμένης γλωσσικής ανάπτυξης, η θεραπευτική παρέμβαση θα πρέπει να ξεκινάει έγκαιρα και να προσαρμόζεται στις ανάγκες του κάθε παιδιού, επιλέγοντας τα στοιχεία εκείνα που έχουν άμεση χρησιμότητα στη ζωή του, γιατί η αιτιολογία και η ένταση της παθολογίας δεν είναι ίδιες σε κάθε παιδί.

Δ. ΣΥΜΒΟΥΛΕΣ ΠΡΟΣ ΤΟΥΣ ΓΟΝΕΙΣ

α) Για την ανάπτυξη της ομιλίας

Οι γονείς μπορούν να βοηθήσουν με πάρα πολλούς τρόπους τα παιδιά τους, ώστε εκείνα να αναπτύξουν σωστά την ομιλία και το λόγο τους. Κάτι τέτοιο επιτυγχάνεται μέσα από διάφορες καθημερινές δραστηριότητες τόσο στο οικογενειακό όσο και στο ευρύτερο κοινωνικό περιβάλλον. Ας δούμε κατά ηλικία μερικές απλές συμβουλές:

Σε ηλικία από 0 έως 12 μηνών σταδιακά:
- μιλάμε αργά και καθαρά στο παιδί , κάνοντας έντονες κινήσεις του στόματος, ώστε να μπορεί να τις αντιληφθεί και κατόπιν να τις μιμηθεί
- διατηρούμε βλεμματική επαφή με το παιδί όταν μας μιλάει
- δίνουμε απλές εντολές και οδηγίες
- δε μιλάμε με μωρουδιακή ομιλία, γιατί ο στόχος μας είναι από την αρχή το παιδί να μιλήσει σωστά
- χρησιμοποιούμε σημαντικές για το παιδί λέξεις
- τραγουδάμε μαζί με το παιδί για να αποκτήσει η ομιλία του μελωδικότητα

Σε ηλικία από 1 έως 4 ετών
- επαινούμε κάθε προσπάθεια του παιδιού για επικοινωνία
- δεν ασκούμε έντονη κριτική
- δε διακόπτουμε το παιδί όταν προσπαθεί να επικοινωνήσει
- περιγράφουμε καθημερινές ασχολίες μας με απλές προτάσεις
- χρησιμοποιούμε κάρτες, εικόνες και διαφορετικό υλικό για να προκαλέσουμε την επικοινωνία
- αφηγούμαστε ιστορίες με απλό τρόπο

- επεκτείνουμε τις γνώσεις και τις εμπειρίες του παιδιού κάνοντας βόλτες και εκδρομές, έχοντας επαφή με άλλα παιδιά
- αρχίζουμε να του μαθαίνουμε έννοιες και του δίνουμε ευκαιρίες να τις χρησιμοποιήσει

Σε ηλικία 4 έως 6 ετών

- μιλάμε για τη χρήση των αντικειμένων που βλέπει το παιδί καθημερινά
- του απευθυνόμαστε σα να είναι ενήλικας
- συζητάμε μαζί του για πράγματα που το ενδιαφέρουν ή για γεγονότα από το άμεσο παρελθόν
- διαβάζουμε βιβλία και συζητάμε γι αυτά
- δε θεωρούμε την τηλεόραση και τον υπολογιστή ως υποκατάστατο μάθησης και αλληλεπίδρασης

Γενικότερα δουλεύουμε με το παιδί τόσο στην κατανόηση όσο και στην χρήση της γλώσσας, το ενθαρρύνουμε, ώστε να παράγει με δικά του λόγια κάτι που μόλις άκουσε, αφήνουμε αρκετό χρόνο στο παιδί για να ολοκληρώσει αυτό που θέλει να πει ή για να απαντήσει και τέλος, γινόμαστε καλοί ακροατές και ανταποκρινόμαστε άμεσα.

β) Για την ώρα της μελέτης

Αρχικά, ξεκινάμε με το παιδί τη μελέτη όταν αυτό θα έχει έρθει από το σχολείο, θα έχει φάει και θα έχει ξεκουραστεί για λίγο. Έπειτα ακολουθούμε τα παρακάτω βήματα:

- δημιουργούμε ένα περιβάλλον ευχάριστο και ήσυχο στο παιδί μέσα στο δωμάτιό του, αφού βέβαια έχουμε αφαιρέσει οτιδήποτε μπορεί να του διασπάσει την προσοχή (μουσική, τηλεόραση, πολλά περιττά παιχνίδια και αντικείμενα τριγύρω)
- φροντίζουμε να ξεκινήσουμε τη μελέτη μας φτιάχνοντας ένα μικρό πλάνο για τον τρόπο που θα ακολουθήσουμε και για το χρόνο που θα αφιερώσουμε σε κάθε εργασία, ώστε να κερδίσουμε χρόνο και να μην ταλαιπωρηθεί το παιδί.
- είναι χρήσιμο να έχουμε ένα ρολόι πάνω στο γραφείο μελέτης, ώστε το παιδί να γνωρίζει κάθε στιγμή πόση ώρα θα αφιερώσει για κάθε εργασία και πόση ώρα του απομένει για να ολοκληρώσει τη μελέτη του (θέτουμε αν χρειαστεί κάποια χρονικά όρια για την ολοκλήρωση μιας εργασίας)
- φροντίζουμε να κάνουμε μικρά διαλείμματα, ώστε το παιδί να σηκώνετε, να κάνει μια βόλτα για να πιει νερό και να επιστρέφει ανανεωμένο (συνήθως η προσοχή των παιδιών κρατάει 45 λεπτά και πάνω εκεί έχουν την ανάγκη για ολιγόλεπτο διάλειμμα)

- αφού έχουμε βάλει σε μια σειρά τις εργασίες μας ξεκινάμε από αυτή που χρειάζεται λίγο χρόνο για να ολοκληρωθεί, εξηγούμε στο παιδί τί πρέπει να κάνει και περιμένουμε να το εκτελέσει. Σε περίπτωση που δεν κατανοεί κάποιο σημείο, είμαστε πρόθυμοι να του εξηγήσουμε ξανά, χωρίς φωνές και επιπλήξεις, αντιθέτως με ηρεμία και χαμόγελο. Το θέμα μας δεν είναι να γίνουμε τιμωροί και να ωθήσουμε το παιδί στην αποστροφή του προς τη μελέτη, αλλά να του δείξουμε ότι όσο πιο συγκεντρωμένο είναι, τόσο πιο γρήγορα θα μπορέσει να τελειώσει και να ξεκουραστεί
- καθώς ολοκληρώνει κάποια εργασία, τότε επαινούμε. Θα ήταν χρήσιμο και ένα σύστημα επιβράβευσης για κάθε μελέτη με τελικό σκοπό στο τέλος ίσως της εβδομάδας ένα «βραβείο» που θα έχουμε εκ των προτέρων συμφωνήσει
- σε παιδιά με διάσπαση προσοχής και μαθησιακές δυσκολίες, εκτός από το κίνητρο που είναι σχεδόν απαραίτητο, παρέχουμε τα αναγκαία βοηθητικά στοιχεία (υπενθύμιση κανόνων, συγκεκριμένες λέξεις κλειδιά, χρωματιστά στυλό για υπογράμμιση, συνοπτικά σχεδιαγράμματα)

Σε γενικές γραμμές λειτουργούμε ως πρότυπα, χρησιμοποιώντας ορθή γλώσσα, ήπιο τόνο φωνής, δίνοντας ευκαιρία για ερωτήσεις, επιβράβευση, και παρέχοντας πολλά παραδείγματα και διάφορες πηγές από όπου το παιδί μπορεί να διδαχτεί το υλικό του καλύτερα.

γ) Για τη διατροφή που βοηθά τη μνήμη και τη μάθηση

Είναι γνωστό ότι ο εγκέφαλος ενός παιδιού χρειάζεται να είναι εξοπλισμένος με ισχυρές θρεπτικές ουσίες, ώστε εκείνο να μπορεί να μαθαίνει καλύτερα, να αποδίδει και να συγκεντρώνεται, προκειμένου να επιτύχει τους στόχους που έχει θέσει για τη σχολική του απόδοση.

Σύμφωνα με την πλειοψηφία των διατροφολόγων - διαιτολόγων ο ύπνος, η σωματική άσκηση και η διατροφή είναι παράγοντες που παίζουν σημαντικό ρόλο στη μάθηση, τη μνήμη και τη συγκέντρωση. Το κυριότερο καύσιμο του εγκεφάλου είναι η γλυκόζη, η οποία είναι πηγή ενέργειας τόσο του εγκεφάλου όσο και των μυών. Εξίσου σημαντική είναι η λήψη υδατανθράκων, οξυγόνου και σιδήρου.

Η χορήγηση του οργανισμού με τις σωστές θερμίδες, αλλά και η σωστή κατανομή των γευμάτων κατά τη διάρκεια της ημέρας συντελούν στην πνευματική διαύγεια των παιδιών.

Ας δούμε όμως τι σημαίνουν όλα αυτά πρακτικά, δηλαδή ποιες τροφές είναι απαραίτητες για τη σωστή διατροφή των παιδιών:

- Βιταμίνη Β1: τη βρίσκουμε σε δημητριακά, κρέας, γάλα, αυγό, όσπρια, φασολάκια κ.ά

- Βιταμίνη Β2: σε γάλα, αυγά, κρέας, συκώτι, όσπρια, χορταρικά κ.ά
- Βιταμίνη Β6: σε κρέας, καλαμπόκι, κοτόπουλο, δημητριακά, χορταρικά, γάλα κ.ά
- Β- καροτίνη: σε καρότο, πατάτα, πορτοκάλι, ντομάτα, κ.ά
- Ψευδάργυρος: σε ψάρι, φασόλια, σιτάρι κ.ά
- Βόριο (στοιχείο): αμύγδαλα, φιστίκια, καρύδια
- Πολύπλοκοι υδατάνθρακες: σε λαχανικά, φρούτα, δημητριακά ολικής άλεσης
- Πηγές σιδήρου: συκώτι, κρέας, αυγό, σπανάκι, όσπρια

Γενικά οι διατροφολόγοι συστήνουν ότι το διαιτολόγιο των παιδιών πρέπει να περιέχει κρέας, ψάρι, φρούτα, φασόλια, λαχανικά, αμύγδαλα, ενώ μας συμβουλεύουν να αποφεύγουμε να δίνουμε στα παιδιά ζάχαρη, σοκολάτες, γλυκά, καφεΐνη και ζωικό λίπος.

Συνοψίζοντας σας δείχνουμε τις τροφές ηρεμίας και τις τροφές εγρήγορσης:

- Ηρεμίας: ψωμί, πατάτα, μακαρόνια, γάλα
- Εγρήγορσης: κοτόπουλο, ψάρι, κρέας

Από μικρά πρέπει να συνηθίσουν τα παιδιά σε τροφές που τα αναβαθμίζουν ενεργειακά και να αποφεύγουν τροφές που δεν τους παρέχουν απολύτως τίποτα παρά μόνο γευστική απόλαυση και περιττό λίπος.

E. ΣΥΜΒΟΥΛΕΣ ΠΡΟΣ ΤΟΥΣ ΛΟΓΟΘΕΡΑΠΕΥΤΕΣ

Ολοκληρώνοντας αυτό το βιβλίο, αφού έχουμε εξετάσει τη στάση που θα πρέπει να κρατάνε οι γονείς απέναντι στο παιδί τους, κρίνεται αναγκαίο να αναφερθούμε και στη στάση που θα πρέπει να έχουν και οι λογοθεραπευτές απέναντι στη δουλειά τους, στον πελάτη τους και στους συγγενείς του (γονείς). Τα βασικότερα σημεία άξια αναφοράς είναι:

- ο ειδικός θα πρέπει διαρκώς να επιδιώκει την κατάκτηση νέων επιστημονικών δεδομένων του κλάδου του, για να μπορεί να εξελίσσεται τόσο ως προσωπικότητα όσο και ως επαγγελματίας
- ο ειδικός είναι υποχρεωμένος να κατανοεί και να σέβεται την κατάσταση στην οποία βρίσκεται ο πελάτης του, αλλά και η οικογένειά, και να τους συμπαραστέκεται δίνοντας χώρο και χρόνο για συζήτηση.
- ο ειδικός οφείλει να είναι συνεπής, σοβαρός, εργατικός, και να εμπνέει εμπιστοσύνη στους πελάτες του.
- είναι αναγκαίο να είναι σίγουρος με τις μεθόδους που χρησιμοποιεί για να επιτύχει τα αποτελέσματα που έχει θέσει ως στόχους, χωρίς να ταλαιπωρεί τους πελάτες του..
- θα πρέπει να φροντίζει να έχει συνεχή επαφή με το περιβάλλον του πελάτη, ώστε να συνεχίζεται το θεραπευτικό πρόγραμμα και στο σπίτι για μια πιο γρήγορη και άμεση θεραπεία.
- τέλος, θα πρέπει να είναι πάντα σε θέση να εξηγεί τον τρόπο, τους στόχους και το χρονικό πλαίσιο μέσα στο οποίο εξελίσσεται η θεραπευτική παρέμβαση με απλά λόγια και χωρίς εξεζητημένους επιστημονικούς όρους, οι οποίοι μπερδεύουν περισσότερο και φοβίζουν τον πελάτη.

Στόχος είναι να λειτουργούμε σαν ομάδα με τους πελάτες μας και το οικογενειακό τους περιβάλλον, προκειμένου να επιτύχουμε το σκοπό μας με ακρίβεια και συνέπεια.

Επίλογος

Ολοκληρώνοντας το βιβλίο αυτό θεωρώ αναγκαίο να παραθέσω κάποια χρήσιμα στοιχεία για τη διαδικασία που ακολουθείται από τη στιγμή που θα διαπιστωθεί από τους γονείς ή το οικογενειακό περιβάλλον ότι το παιδί ή ο ενήλικας παρουσιάζει διαταραχή στην επικοινωνία του. Θα πρέπει να αναζητήσουμε τη γνώμη ειδικού σε ένα από τα δημόσια νοσοκομεία της χώρας ή τον οικογενειακό μας γιατρό. Σε περίπτωση που υπάρχει η υποψία για διαταραχή επικοινωνίας, αναζητούμε επαγγελματία λογοθεραπευτή που θα διαγνώσει το πρόβλημα και θα προτείνει λύσεις. Μπορεί κανείς να αναζητήσει λογοθεραπευτή στην περιοχή του, μπαίνοντας στην ιστοσελίδα του Πανελλήνιου Συλλόγου Λογοθεραπευτών Ελλάδος www.selle.gr και εκεί να βρει τον πλησιέστερο ειδικό. Οι συνεδρίες λογοθεραπείας δικαιολογούνται από τα περισσότερα ταμεία με ποσοστό συμμετοχής, διαρκούν συνήθως 45 λεπτά, ενώ ο χρόνος αποθεραπείας κυμαίνεται από άτομο σε άτομο ανάλογα την πάθηση, την αιτία και την ηλικία του ατόμου. Τέλος, είναι πολύ σημαντικό, προτού έρθουμε στον ειδικό για λογοθεραπεία, να εξηγήσουμε στο άτομο (παιδί, ενήλικας) πού θα πάμε και γιατί θα πάμε εκεί, χρησιμοποιώντας απλή γλώσσα χωρίς να αποκρύψουμε την αλήθεια για κανένα λόγο. Άλλωστε, ο λογοθεραπευτής θα δημιουργήσει ένα ευχάριστο περιβάλλον παρέμβασης, ώστε το ίδιο το άτομο με διαταραχή να πηγαίνει εκούσια.

ΒΙΒΛΙΟΓΡΑΦΙΑ

* Καμπανάρου, Μ., Διαγνωστικά θέματα λογοθεραπείας, Εκδ. Ελλην, Αθήνα, 2007
* Καρπαθίου, Χρ. Εμμ,, Νευρογλωσσολογική Λογοθεραπεία, Τόμος 1, Εκδ. Ελλην, Αθήνα, 1998.
* Schoeninger, C., Anatomie, Verlegt bei Kaiser, Klagenfurt, 2003.
* Βαράκης, Γ., Καραμανλίδης, Α., Κωστόπουλος, Γ., Μητσάκου, Α., Τι γνωρίζουμε για τον εγκέφαλο, Ένα αλφαβητάρι για τον εγκέφαλο και το νευρικό σύστημα, Εκδ. Καστανιώτη, Αθήνα, 1996
* Fuller, G., Manfotd, M.,Νευρολογία, Εικονογραφημένο εγχειρίδιο, Εκδ. Παρισιανού Α.Ε., Αθήνα, 2002
* Καμπανάρου, Μ., Διδακτικές σημειώσεις: Νευρογενείς κινητικές διαταραχές ομιλίας, Πάτρα, 2005.
* Δράκος, Δ.Γ., Ειδική παιδαγωγική και προβλήματα λόγου και ομιλίας, Εκδ. Περιβολάκι και Ατραπός, Αθήνα, 1999.
* Παπασιλέκας, Απ. Α., Διαταραχές της ομιλίας των μειονεκτικών παιδιών, Αθήνα, 1985
* Παπασιλέκας, Απ. Α., Διαταραχές λόγου, Αιτιολογία, Διάγνωση, Θεραπεία, Αθήνα, 1979.
* Αλεξάκη, Χρ., Διδακτικές σημειώσεις: Εισαγωγή στην κατάκτηση της γλώσσας, Πάτρα, 2005

websites

www.targa.ondsl.gr
www.vimatizo.gr/logotherapeia
www.e-flya.gr/upload/logomatheia
www.syrostoday/news
www.pfizernutrition.gr/tabid
www.paidohosp.gr
www.blackstate.gr/memory_and_food
blog.argiriou.org
www.diatrofi.medlook.gr

Πηγές εικόνων: Schoeninger, C., Anatomie, Verlegt bei Kaiser, Klagenfurt, 2003, Fuller, G., Manfotd, M.,Νευρολογία, Εικονογραφημένο εγχειρίδιο, Εκδ. Παρισιανού Α.Ε., Αθήνα, 2002, Βαράκης, Γ., Καραμανλίδης, Α., Κωστόπουλος, Γ., Μητσάκου, Α., Τι γνωρίζουμε για τον εγκέφαλο, Ένα αλφαβητάρι για τον εγκέφαλο και το νευρικό σύστημα, Εκδ. Καστανιώτη, Αθήνα, 1996

www.ingramcontent.com/pod-product-compliance
Lightning Source LLC
Chambersburg PA
CBHW081642040426
42449CB00015B/3430